中公文庫

父のこと

吉田健一

中央公論新社

目次

II

❖吉田家系図

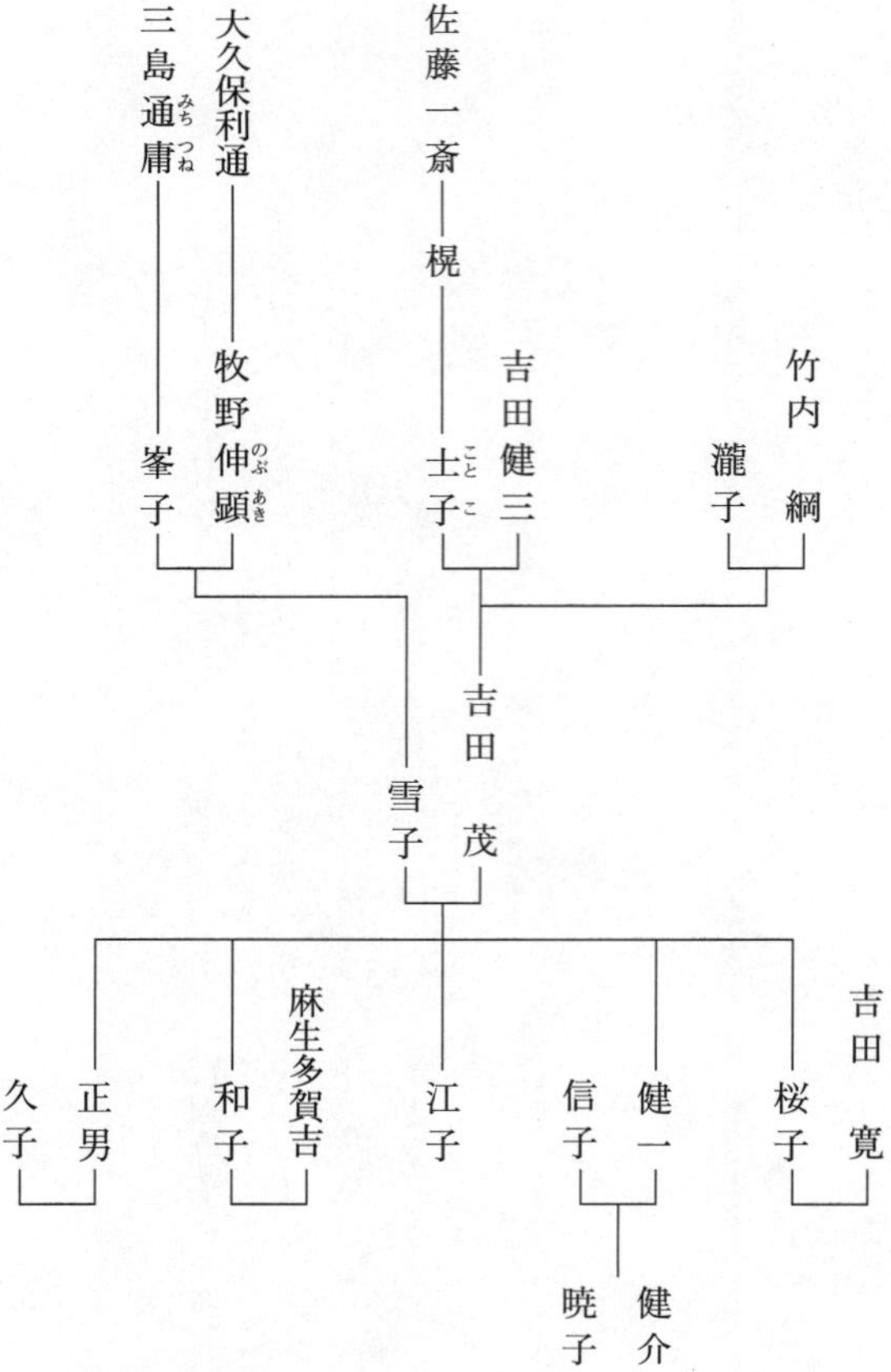

佐藤一斎
梶
吉田健三
士子《ことこ》
竹内綱
瀧子
大久保利通
牧野伸顕《のぶあき》
三島通庸《みちつね》
峯子
吉田茂
雪子
吉田寛
桜子
健一
信子
健介
暁子
江子
麻生多賀吉
和子
正男
久子

父のこと

I　父のこと母のこと

吉田健一

父の読書

父は英米風の読書家であるというのが、一番早道であるように思う。日本では文学者や学者でも、自分の専門に属する本だけを読んで、他はいわゆる修養書か、読物の類しか手に取らない風習があるが、英米では読書がダンスやゴルフと同様に、一つの日常的な行為になっていて、それだけに良書の基準もはっきりしているし、評判がいい新刊書はその分野の如何に拘らず、誰でもが読む。父は現在、主としてそういう英米の新刊書を読んでいて、殊勝なことだというよりも、外国にいる間に身に付いた習慣であるように思われる。

父は昔はかなりの蔵書家で、書斎もその為にいかめしく見えたが、何度も転勤したり、引越しをしたりしているうちに、本が段々減って行きしまいに空襲で全部焼かれた。その中でも惜しいのは、史記を始めとして、中国の各時代の歴史を集大成した二十四史と題する木版の群書で、そのうちの史記だけは、父が大磯に持って行って読んでいたので、助かった。漢籍類では、他に国漢文大成の端本があったが、これは父が読みたいものが入っているのを別々に買ったのだと思う。戦争中、この群書で論語を見付けて来るように頼まれたが、遂に手に入らなかった。

焼けた本の中には、大久保利通文書とか、伊藤博文伝などの、分厚な和書もあったが、やはり英米の本が多かった。ズライスの「アメリカン・コモンウェルス」のようなスタンダードの著作の他に、私自身が読んで面白く思った小説なども随分あった。そういう文学書の中で、第一次世界大戦当時の英国の外相だったグレイの随筆集があって、英国の政治家の例にもれず、このグレイの文章も名文であるが、父はこの随筆集を愛読していた。それからJ・B・プリーストリの「グッド・コムパニオンス」や「エンジェル・ペーヴメント」、モームの作品、又、中でも意外に思ったのは、英国の新進作家クリストファ・イシャーウッドの傑作「ノリス氏汽車を乗り換える」があったことである。父がこの小説を何と思ったか、感想を聞かずにいるうちに家が焼けた。

他に毛色が変ったものでは、ブリックォートという英国人が書いた「英国衰亡史」という本があった。これは排英熱が盛だった当時、日本でも翻訳が出たが、父はこの本を、別に排英的なものではないと言い、借りて読んで見ると、英国人が常識に富んだ国民であることを説いた一節に、鉛筆で線が引いてあった。

父はアガサ・クリスティなどの、英国の推理小説作家の作品を好んで読むが、その蔵書の中に、ドロシー・セイヤースの「バスマンス・ハネムーン」があったのは有難かった。それから父の読書の趣味で認めるべきは、P・G・ウォードハウスの愛読者ということである。このユーモア作家は、日本では殆ど知られていない。併しジーヴスという痛快な男の行状を中心とする（ジーヴスは英国やアメリカの特産と思われる一種の高級な男の召使の一人である）彼の作品はいずれもユーモア文学の絶品であり、この作家を発見した父は話せる人間だといえる。

併し父の蔵書の中で、私自身の興味を最もひいたのは日本の大衆文学作品である。その中でまとまった刊行物としては、円朝全集と落語全集があった。父が円朝の話を聞いたことがあるかどうか知らないが、兎に角、好んで寄席に通ったことが、後に大衆文学に眼を向けさせたのに違いない。時代物では、直木三十五と大佛次郎氏のものを最も多く読んでいて、この二大家の作品は大概あった。他にも、林不忘などのものがあったが父が右に挙げた二氏のものばかりを探して来て読むようになったのは、読むものにある水準を求めていることをもの語っているように思われる。

従って、岡本綺堂や野村胡堂氏の捕物帳も読んでいるのは当然である。父は前に角力をよく見に行って、双葉山を上品な角力だと言ったことがある。面白くて、更に品格があるものを求めること、これも英米的な読書の態度だと言って差し支えないように思う。

何も英米に限ったことではないと言えるかも知れないが、読書に限らず、そういう堅実な一つの生活態度は、今日では殊に英米人の間に顕著であると言えるのではないだろうか。文学に、文化に、日常生活という風に、もの事を細かく区切って考えずに、人間の世界、或は生活を一つの総体としてはあくするということは、要するに、良識ということに帰着するのだろうが、日本人の生活に良識が失われてから久しいような気がする。純文学、本格小説、大衆文学と言った細かさ、またそこから生じる枯渇である。その意味で私は、父が日本の現代小説を読もうとしないのを、父に文学の趣味がないからだとは思っていない。何時だったか父は、日本の現代作家の作品にはユーモアがない、ユーモアがないのは思想がないからだという意味のことを言ったことがある。そしてそういう本格的な作家の最後として、夏目漱石を挙げた。日本の現代文学に対する父の理解の程度はともかくユーモアがない所に思想がないというのは、文学上の一つの根本的な課題である。

馬とワンマン親爺

父の思い出を書くのには少し早過ぎるような気がする。相手がまだぴんぴんしているうちにこんな注文が来るのだから、——桑原、桑原である。全く、縁起でもない。

そのぴんぴんでどういうのか思い出したが、昔は父はよく馬に乗った。支那のようにだだっ広い所だと馬にも乗り甲斐があって、どこまで行っても下は泥か埃だから落馬しても怪我はしなくて、それで時々一緒に遠乗りに連れて行って貰った。落馬するのはこっちの方で、父が落馬するのは見たことがない。

尤も、落馬したこともあることはあるのだそうで（酒を飲むのと小問物屋さんの関係の通り、これを七度やらないと一人前の馬乗りにはなれないと言われている）、そのもっと昔、多勢のものと酒を飲んで馬で鴨緑江を渡って家に帰る途中、橋に穴が開いていて馬ごと下の鴨緑江に落ちたら、河が凍っていたので助かったという話を聞かせてくれたことがある。溺れずにすんだという意味なのだろうが、よくそれでどうもなかったものである。水道橋の駅から落ちた小林秀雄氏の原理によるものだろうか。そうすると、父は泥酔していたことになる。それならそれでよくそんなで馬に乗っていられたものである。

遠乗りが狩りになることもあって、これはどこの国の形式に従ったものか知らないが、鷹と犬を使って兎を追わせて、その後から馬で駆けて行くのである。父は時々、外国人をこの狩りに招待することがあった。

或る日、そういう狩りの会があったのが丁度、紀元節で、父がアメリカの駐屯軍の将校に、「今日は日本の国が出来てから二千何百年目だかに当るんだが、君の国でもそういうお祭りがあるんですかね、」と聞いたら、その将校は、或は覚悟して来たのかも知れなくて「日本の国は古いですが、文明国は新しいのが多いようです。ドイツは百年足らず、フランスも百五十年、――」と答えたのは、ドイツは統一されてドイツ帝国になってから、フランスはフランス革命が起った年から勘定したものらしい。日本人十二歳説も、そんな所から割り出したのではないだろうか。

後に満洲国皇帝になった宣統帝が馮玉祥に北京を追われて、天津の日本租界に逃げて来たことがあり、父はこの廃帝とも一緒に遠乗りに出掛けた。北京から付いて来た老臣だか何だかが、暗殺されるかも知れないからと言って頻りに止めたそうで、父は、「俺が付いていれば大丈夫」とポンと胸を叩いて見せたかどうか知らないがその後でもやはり皇帝を連れ出した。御感斜めならず、父が日本に帰る時に帝が犬を連れて馬に乗って行く後姿の油絵を賜ったのはその後どうなったか解らない。

馬の愛情の示し方というのはなかなか烈しいもので、或る時、家の馬が父に抱き付こうとしたのを見たことがある。コオターブレッドかハーフブレッドの大きな馬で、それが後足で立って父に飛び掛ったのだから壮観だった。尤も、あれは馬が気が立っていて、父を前足で押し潰そうとしたのかも知れない。怪我はしなかったが、その時の父は相対的に極めて小さく見えた。だから、小さな人間が馬に乗れないということはないので、ナポレオンがそのいい例である。併し癇癪持ちは馬には乗れない。

父のスケッチ

林房雄氏のお家は鎌倉の浄明寺という寺の附近で、色々な用事でよく伺う。一つは本を拝借に行くのである。林さんが罹災されなかったという理由もあるが、林さんの所程多くの本があるのを戦前でも余り見たことがない。文学者が多くの本を持っているとは限らない。友達の一人の所に無躾けな編集者が来て、部屋の中をじろじろ見廻した揚句、「いつお焼けになったのですか、」と聞いたと言って、その友達は苦笑していた。その友達の家も焼けなかったのである。

他に鎌倉で蔵書が多いのは、大佛次郎氏と神西清氏である。併し大佛氏の御蔵書は蒐集家が垂涎するような良書ばかりで、いつだったか、翻訳の必要があって「ロビンソン・クルーソー」の御貸与を願った所、出して戴いたのを見れば、それが十八世紀の英国の小説を作家別に、初版本に従って翻刻した限定版の一部だったのには驚いた。シェイクスピアをお願いすれば、一六二三年の二つ折版が出て来るかも知れず、こういう珍本ばかりの所は、私のように本と言えば人から借りてすましているものにとっては、却って苦手なのである。神西氏の書庫も立派なものである。併し氏の専門がロシア文学、フランス文学、国文学、音楽、哲学、古代ローマ史、児童文化、能楽、ルネッサンス、刑務行政、現代美術等を主とするものなので、英国の文学が専門みたいになってしまった近頃の私は、同氏に前程は本の借用をお願いしていない。

それで勢、洋書の大多数が英語の本である林さんの蔵書に頼ることになる。併し本を借りる為にばかり伺っている訳ではない。これは林さんに限ったことではないが、林さんの所にも酒があって、その酒を飲みにも行く。これは林さんの人徳によるもので、林さんと飲んでいると、久し振りに一万トン級以上の汽船に乗って、遠洋航海に出たような気がする。波のうねりが大きくて、船酔いする代りに酒が廻るのである。船に酔うのは小船で近海の小粒の波に体ごと上げたり下げたりさせられる時であり、酒で悪酔いするのは、相手が悪いか、酒が悪いか、自分が悪いかではないだろうか。

そういう訳で、時々林さんの所に本を借りに行っては、そのことに託して酒を飲む。林さんは夥しい本を持っておられるだけでなくて、その本を読んでおられるから、本の話だけでも酒の肴には困らない。その話に啓発されて、始めて知った英米の作家も随分ある。

アースキン・コールドウェルなどという作家は、ヘミングウェイとかフォークナーと言った一連の所謂、高級な米国の作家の一人に過ぎないだろうと、読まないうちに決めていた所が、林さんに勧められて「神の狭い土地」という作品を読み、その見事なロレンス的な情熱に接して驚いた。サロヤンという作家がそう大して面白くなくて、ラニヨンという卓抜な諷刺作家がいることも、林さんの話と実物教育で知った。米国の探偵小説に至っては、大概は林さんの所から本を借りて来て始めて読んだ。

林さんは酒を飲みながら本の話をし、立って行って書庫から話題の本を出して来て下さるばかりでなくて、夢二のスケッチ・ブックとか黒田清輝の風景画とか、その時々の掘り出しものを披露される。いつだったか、清水崑氏の得意の、豊麗な唐風の美人を描いた絵馬があって、これは欲しくてたまらなかったが、その時は大英百科辞典を盛大に引き散らした揚句に、他に本を五、六冊拝借して持って帰る矢先だったので、その絵馬も下さいという勇気がなかった。そう言うことが重なるうちに、いつだったか、酒の為か、本の為か、恐らくは例によってその両用を兼ねて伺った所が、同じく清水崑氏の描く所の父のスケッチを出して見せて下さった。漫画ではなくて、スケッチであり、何とも爽かな出来栄えのものである。

優れた漫画家が、同時に画家としても優れていなければならないのは、当然のことに思われるが、漫画的な構想の面白さが、画家に要求される技術の不足を糊塗している感じがする漫画も、決して少くないようである。清水氏の漫画は、先ず画であって、そこに用いられているあの筆太の線は、明かに、一つの画の世界に属している。林さんの支那ものの挿画に、清水氏があれだけの才腕を揮うことが出来るのも、氏がそのように、何を描いても画家であることから出発している為に違いない。そして問題の性格を把握する眼の鋭さが、氏の漫画に漫画としての閃きを与えているものと思われる。それは或る一つの政治問題の輪廓であることもあり、又更に漫画的な効果を発揮する上では、相手の人物というものの鮮かな解剖図でもある。そして画家の線に表されたそういう知識や観察には、ごまかしを利かす余地がない。

清水氏の父のスケッチは、その意味で優れた画でもあり、漫画でもあると私は思う。氏は父を見ていて、父に対する世評が作り上げた一箇の架空の人物を見ているのではない。それ故にそこにあるのは、世評に従って、苦虫を噛み潰したような顔をした、頭の上に白足袋をのっけた吉田首相という怪物でなくて、吉田茂という、底抜けに愛嬌を振り撒いている一人の好々爺であり、スケッチに現れたその好々爺の印象から吉田氏の長所も短所も引き出せる意味で、清水氏が見た一箇の現実の人間がそこにいる。ということは、これを見ていて、大概の写真よりも私には懐しい感じが湧いて来るということであって、大いに懐しがっていると、林さんはこのスケッチを私にくれると言われた。それで、その時旅行に出掛けるので拝借しに行った鞄の中に入れて抱え、千鳥足で家に帰って来て開けて見ると、スケッチはくちゃくちゃになっていて、コンテの粉が白い部分になすり付けられ、全体が黒ずんでしまっていた。併し重しをして皺を伸ばし、ゴム消しで黒いしみを取って見れば大体もとに戻り、今、額縁屋にやって額を作って貰っている。

父に就て——「大磯清談」後記

本文で始終、何かの形で当人らしいことを言っている人間に就て、更に端から書くというのは、この頃出る文庫本の小説にまで付いている解説を思わせて、書く方の身になって見れば、どことなくうらぶれた感じにならざるを得ない。

パリのカルナヴァレ博物館に行くとナポレオンが使った歯ブラシというのが陳列してあって、この一文ではそういう趣味も満足させなければならないのだろうと思う。つまり、ナポレオンも、五つ子を生んだ母親も、家の父も好奇心の対象になるのであって、そうなると今度は父が気の毒になる。基本人権は誰にでも保証されている筈である。父が何という歯磨を使っているかなどということを書き立てるよりも、どういう因縁があってか、こうした人間を父に持つことになったものの立場から、父をめぐって今まで聞かされた各種の巷説に就て考えて見たい。

基本人権と言えば、この頃は新聞記者に水をぶっ掛けるのは基本人権の侵害であるという風にこの言葉が使われている。併し基本人権はカメラマンに水をぶっ掛けても守らなければならないものなのである。新聞社に関する限り、基本人権は撤回して、実際は理論通りには行かないものだというような知識人向きの理窟を捏ねるのが当世風の考え方であるならば、先ずこの考えをぶち壊さなければならない。直接に聞いた話ではないから本当かどうか知らないが、皇太子が或る時、写真攻めに会われて、その御経験に就て父に、水をぶっ掛けたくなる気持がよく解ると言われた所が、父は、ぶっ掛けたくなるだけではいけません。そういう場合にはぶっ掛けることが大切なのですとお答えしたそうである。父が実際にそう言ったと信じたい。

父がまだ在職中、ソ連に抑留されている人達の留守家族が多勢で大磯の父の家に行き、面会を求めたことがあった。併し父はこれを断って後に東京で会った。これも当時は非難されたものだった。留守家族であるということ、わざわざ大磯まで行ったのにということなどが、その主な理由だったように記憶している。併し留守家族であることはこの場合、新聞社の車に立ててある社旗に似たものがあり、遠くから来たものには会うべきだというのも、それが原則として確立されれば、個人の自由などは一片の反故になる。来たものに必ず会うというのは、人気取りが狙いの政治家のサービスならばそれも当人の勝手であるが、人間の自由はそれよりも重要な問題であり、これを守るのには、銘々が自分の自由を守ることから始めなければならない。

大体、この頃の日本では何かと名目をつけて、責任ある地位にあるものに会いに行くということが多過ぎる。直接会わなければ自分達のことを考えてくれないような心許ない人間ならば、会った所で大した効果はない訳であるし、内閣総理大臣、或はチフヴィンスキイ氏、或は誰か他のそういう人間に会って貴方の立場はよく解りますだとか、善処しますだとか、お気の毒ですだとか言われるのが、せめてもの慰めだというのなら、自分の職務に忠実な人ならば凡てそういう要求を断るべきである。大磯での対談で抑留者の話が出た時、人道問題ではないか、と言った父の眼が光ったのを思い出す。皆さんの為に政治しているのですという所を見せて、しまいに、自分の家は往来のようだと嘆く人間が、自由の名が付いた政党に属しているのは天下の皮肉である。民主的という言葉が流行して、その内容に関する妙な考え方も批判を受けずに通用すれば、素直にそれに従って民主的になるというのは、こういう言葉が使われる前から日本では喜ばれた人間の一つの型である。

ここでこういうことを想像して見てもいい。政権を握る、或は少くとも、閣僚にして貰う、或はせめて国会議員の身分を確保するということが、凡ての政治家が持つただ一つの目的となった時、政界は何とも奇妙な様子をしたものになるに違いない。違いないではなくて、これははっきりした一つの事実であり、それがどんなに奇妙な状態かは、終戦以来の日本の政界を見れば解る。言わば、そこにいるものが全部、一種の病気に取り憑かれているのであって、我々にはどうにも呑み込めないことが次々に起っても、当の政治家達はまともにものを考える力を失っているのであるから、我々には呑み込めない方が当り前なのである。

そこへもし普通の人間並みに正確にものを考えることが出来る人間が一人紛れ込んだら、どういうことになるか。正気であるということは強味であって、その人間が政権を握ることになっても不思議ではないし、それが或る程度、長続きすることも考えられる。併しそういう場違いで、場違いであることにものを言わせる人間に対して他の政治家が当惑と羨望と小姑根性が混った、どんな奇妙な感情を持つかは容易に想像出来るし、又政治家というものを終戦後の日本の政治家という、凡そ常識に外れた型に当て嵌めて考えているものが、この型破りの人間をどれだけ扱い兼ねて誤解するかということも、そう解り難い問題ではない。そしてこれも、架空の話をしているのではないので、父がこれを例証している。父が在職中、何かの機会に随筆で、「我々が権力欲に取り憑かれた気違いの支配下に置かれたとしたら悲惨である、」と書いた所が、これを取り上げた「週刊朝日」の匿名子が、吉田内閣が現存している時に、こういうことを言うのだから笑わせる、と批評したことがあるのを覚えている。つまり、その人間には父が権力欲に取り憑かれた気違いに見えたのであって、当時はこういう考え方が大体通用していた。

　ということは、その匿名子は自分の考えを確めて書くというような手間を掛けずに、通説に従ったまでであり、軽評論というものが手軽に書けるのは、このこつを知っていることによる。併し軽評論家も取り上げる通説がそういう種類のものだったから、父に就ては他にも色々な伝説が作られて流布した。その一つによれば、父は貴族的な人間であるということだった。これはどういうことなのか、よく解らない。吉田の家は代々平民であって（尤も、この頃はそういう戸籍面での差別はなくなってしまった）、吉田という家が出来る前は、余り身分が高くない武士だった。生れの点から言って父が貴族的である謂れはないし、生れと関係がない貴族などというものはあり得ない（併しこの点でも前には日本に華族というものがあり、戦後は労働貴族という風なものが出来て、ともに貴族の観念を混乱させている）。父の挙動その他を見て、刀を差している所は想像出来ても、襖は自然に開くものと思い込んで、開かない襖に頭をぶっつけている父というものは実感が出ない。

　この襖の話は、或る殿様が実際にやったことを父が面白がってして聞かせてくれたのである。そういうことを面白がるのは、父の江戸っ子趣味に属する。土佐の人間が江戸っ子にはなれないかも知れないが、この頃は江戸が東京になってから来た三代目が江戸っ子を自称していて、それと比べたら、まだ東京が多分に江戸だった時代にそこに育った人間の方が遥かに江戸っ子であると言える。そういう所が、父に残っている。江戸っ子趣味は一種の町人趣味であり、それが父にもあって、ひどいはにかみ屋である点でも、江戸っ子の正統に属している。その昔、大礼服で参内しなければならない時、そんなものを着ていることを隠すために合羽のようなものにくるまって出掛ける姿はものものしくて、車の中でのむさり返り方も一流だった。

或るカメラマンが、父の貴族趣味なるものをこういう風に説明してくれたことがある。それによれば、父は予め断って置けば、別に写真を撮られるのに就て文句を言う訳ではなくて、或る時、そのカメラマンは目黒の官邸に行って何枚も撮ったことがあるそうである。ただ、一度父が窓から外を眺めている所をこっそり後から撮ろうとしたら、その途端に父が振り返って、眼には怒気を含んでいた。これは如何にも貴族的なことであるという説明だった。併し不意打ちを掛けられて怒るのが貴族的であることならば、特に貴族的と呼ばれていない日本人の大部分は、あの進歩的な社会学者その他が好きな、奴隷という奴であることになる。普通の人間ならば誰でもすることを、父に限って貴族的にされては可哀そうである。それとも、この頃の政治家はそれ程腰抜け揃いなのだろうか。

兎に角、今は騒ぎが終って、父は大磯で散歩などしている。誰がくれるのか、上等な葉巻にこと欠かず、酒類にも一流のものが多くて、この間はティオ・ペペのシェリー（ゴンザレス・バイアス）という逸品を飲まされ、先年、英国に行った時の記憶が蘇って涙が出そうになった。こういうものを楽むのも、父が貴族的である理由に数えられるのだろうか。併しそれならば、食通の小島政二郎氏などはどういうことになるのだろう。通人と言っていい所を、昔の恨みでどうしても父だけは貴族にしかして貰えないのなら、これも父に気の毒である。

父のこと

いつ頃からのことなのか、他人だけではなくて身うちのものと話をしている時でも、父のことは敬語を使わずに言うようになった。当然、面と向っての場合は別であるが、そうでなければ敬語を使いたくないのは父が何故なのか、もう一人の自分だという気がしてならないからである。初めは父も年を取ったから労ってやらなければと思うだけだったのがそれがきっかけになったのか、父と自分の区別が付け難くなって、旅行などしていると大磯のもう一人の自分はどうしているだろうと考えたりする。その時、父がくしゃみをするかどうか知らない。こういうのは文献でも見た覚えがないことであるが、事実はそれを事実と認める他ない。

勿論、それが一種の妄想であることも知っていて、二人のものが同じ一人の人間であるなどということはあり得ない訳である。この妄想が始ったのは、ここ数年間のことで、一つだけ確かなことは、その頃から父もこっちも自分の仕事と考えて執着するものがなくなった。それで寂しいという意味ではなくて、男にはこれだけはして置きたい仕事というものがなければならないとともに、自分に出来るだけのことはしてしまったのを知った時の状態には格別のものがあり、後はただ生きるまでのことである。併しそれだから父が自分と同じ一人の人間になるというのは、これも理屈が通らないが、二人に銘々の仕事があって、それに気を取られていた頃は顔を合せても義理で会っている感じだった。今は自分と向き合ったり、並んでいたりするのである。いつだったか、二人で広縁から庭を眺めている時、植木屋がやって来て父に向って長々と早口で何か話を始め、父は始終頷いていたが、植木屋が行ってしまって、今のは実は一言も解らなかったのだと言うのを聞いてこっちは自分が一人言を言っている感じだった。

併し勿論、父が自分と同じであるなどということはあり得ない。今から思うと、もし終戦から占領中に掛けて父がいなかったならばどうなっただろうという気がするので、これは自分の都合を言っているのではない。日本がどうなっていただろうということなので、これはそういうことはないことに今日ではなっている。或は極く最近までは父などいない方がよかったことになっていてそこにも実際の政治、或は凡て実際に行われなければならないこととそれに就ての一般の意見の間に或る不思議な食い違いを感じるのであるが、その占領中、父の内閣が総辞職して一時、別な人の内閣だった間、政治に関心を持たずにはいられなかったことを思い出す。当時はアメリカの意向に従うのが進歩的で文化的なことで、その代りにアメリカと真剣に折衝して何かの打開策を得るのはアメリカに屈服することであることになっていた。そのような場合、そうなっていることなど無視するのが政治を担当するものの任務ではあっても、任務を遂行するのが反動であることになっている時に、それを無視することは殊に戦後の政治家には難しい。父がそれを無視しなかったならば日本がどうなっていたか解らないということは断言出来る。

併し一人の人間にとってすんでしまったことはすんだのであり、それをいつまでも覚えていて手柄話をしたりするのは記憶力が鈍っている証拠である。もしそれが完全に働いているならば、既に過去のものになった苦労や苦心も記憶に戻って来る筈で、そうなれば手柄話をする前にその一切を再び忘れようと努めることになるに違いない。その苦労や苦心の方が歴史に多少の足跡を残したなどということよりも遥かに大きいからで、又事実、もし記憶が尋常な働き方をしていれば、そうしたこと一切は我々がこれからも生きて行くことの邪魔をしない為にも忘れられる。その後には、もう自分は何もしなくてもいいのだという安心、或は確信だけが残り、人間、或は少くとも男にとって仕事をするのが生命である時に本当に生き始めるのが、その仕事がすんでからであるのは厄介なことのようでもあするが、どうもそういうものであるらしい。父は隠居してから急速に円くなって来た感じがする。

これは併し一生の仕事が終ったというだけのことではないに違いない。我々は年を取っても曽て生きた各瞬間、不愉快で堪らなくて、いっそ死んじまえと思ったりするのではない各瞬間は記憶に残るもののようで、長生きすればそれだけそういう過去の瞬間の量は多くなる。今から四十何年か前に、中華民国時代の支那で馮玉祥が乱を起し、それまで北京の紫禁城にいた宣統帝、後の満洲国皇帝、更に後の溥儀氏が天津に逃げて来たことがあって父がその庇護に当った。そしてお退屈でしょうからと時には帝を馬で遠乗りに誘い、一緒に逃げて来た重臣達は途中でどんなことが起るか解らないというので反対したが父は自分が付いているからと言っていつも帝と二人切りで出掛けた。併し馬を並べて走っていてどこかで爆弾を投げ付けられる危険があることはあるのを承知しているのは父にとって面白かったに違いない。偶にはそういうことも父は思い出しているのではないだろうか。

この頃は父は庭作りに凝っている。と言っても、自分で土運びをしたりする訳ではないが、植木屋が植木を持って来たり、あちこちに移したりしているのを見るのが楽みらしい。これは植木屋にとっては熟練と専門の知識を要する仕事であっても、それを眺めている分には、ただ人間が何かしていてその効果が着実に現れるだけのことで、その時の我々は傍観者であるよりもそこに人間の生活があることを認め、それ故に我々も人間の生活をしていることになる。父はまだ子供の時に竹内家から吉田家に引き取られてこの家を継いだが、そうして育った吉田家の大磯の家に今も住んでいる父は仕合せだと思う。凡てが末梢的なことにばかり神経を使うようになっている時代には故郷というものの意味も忘れられている感じがするが、時代というのが上っ皮だけの現象であると見ることが許される場合もあって故郷というものには人間の生活の持続を保証するものがある。父祖代々の地ということには人間が地上に現れて以来という意味が含まれている。父は吉田家の二代目であるから初代の吉田が住んだ大磯の土地が丁度それに当り、あの家に更に何代かの吉田のものが住むことを父は考えているのかも知れない。それは詠嘆ではなくて人間に当然許されていい考えである。その詠嘆というのは何とか言っても、これから先どうなるか解らないと別に根拠もないのに世を果敢なむことであって、その方が確かに当世風ではあっても、時代に義理を立てて無理に感傷的になることはない。父というもう一人の自分がそう考えているような気がする。

何となく気になるのでそれまでは年に二、三回しか会わずにいたのが、この一、二年間はなるべく毎月一度、家族を連れて大磯の家に行くようにしていたことは事実である。そうすると父は派手にはしゃいで、こっちがあれこれと大磯にある葉巻や酒倉の洋酒を物色して車に載せて帰るのを又息子の強盗が来たと称し、この次は警察署に電話すると言って、それでも洋酒や葉巻の他にこの置き時計が欲しいとか、あの絵を頂戴するとか言うと、ただ持ってけ、持ってけだった。今は強盗しに行く甲斐もない。

その一、二年間に変化があったとすれば、初めのうちは和服に袴を着けて我々の前に現れたのが、後半は寝巻の上にガウンを羽織って我々に会ったことである。併しこれにも段階があって、どうせ我々に会う為に着替えた後では又寝巻に着替えて昼寝をするのだから手間を掛けないで寝巻のままでいるようにこっち側から何度言っても、初めのうちは折角、長男が来たのになどと口実を設けて聞き入れなかった。所が、いつだったか家のものどもを連れずに一人で行くと父は初めから寝巻姿なので、着替えるのは長男ではなくてその妻と娘に対する礼儀を守ってのことであることを知った。これ以上そのことに就ては言わないとして、黒羽二重に袴を着けて大磯の家の二階にある父の居間に、床の間に向った大きな革椅子に納った父の姿はどっしりしたものだった。それが最近になって寝巻のままだと確かにどこか寂しい感じがして、早く無理をするのでなしにもとの恰好に戻るようになってくれないものかと思ったものである。

父は富士が好きで、父がいる所から西側のガラス戸越しに晴れた日には富士がよく見えることがそこを自分のいい場所に選んだ理由ではないかと思う。曽てチャーチルに会って、日本に来られないのならせめて絵で富士を見せることを約束し、同じ大磯に住んでお出になる安田靫彦画伯にお願いしてその絵を書いて戴き、そのうちの一枚をチャーチルに送ったことがある。それで後に残ったもののうちの一枚を貰って帰った時、父に強盗と呼ばれたかどうかは覚えていない。兎に角、この絵を家の炉の上に掛けて見た所が、それまでは別に可笑しくもなかったその炉が如何にも貧相な感じがするので、その向い側の、父が家に来ると腰掛ける長椅子の後に掛けてその話を父にすると、父は炉を大理石に変えちまえばいいじゃないかという意見だった。それで思い出したが、父が家に来た時の為に大磯の家にあるのと同じ革椅子を家具屋さんに頼んで作って貰うことを思い立ち、その費用が手に負えない額に達した時にはそれを又父にねだる積りでいたのが、この計画も空しくなった。

父はじめじめしたことが嫌いだった。例えば、お慰みにと縫いぐるみの動物の玩具などを持って行く時でも、特別に大きいのや愛嬌があって見ていて笑い出したくなるようなのが好きだった。そういう性格だったから愚痴というものを言わなかった。尤も、これは後になって愚痴を言わないですむ為に自分の立場というものを常に守り通したからでもあるのに違いなくて、それが楽なことではないので手柄話もしなかった。そういう話をすればその時の苦労も思い出し、それよりは一切を忘れてしまう方を選ぶのは人情である。併し滑稽な話はよくして、戦前に何かの任務を帯びてヨーロッパを廻った時、又チャーチルのことになるが、チャーチルに会って一緒に飲み始めた挙句に、翌日はひどい二日酔いでロンドンからドーヴァーまでの汽車の中で殆ど自分が何をしているか解らなかったというようなのは父が好んで人に聞かせる種類のものだった。

父は贅沢なことが好きで、いつか家を建てる話になって家は木口を選ぶことが第一だと言ったのを覚えている。併し大袈裟なことや鹿爪らしいことは嫌いで、今度の国葬など何と思っているだろうかという考えが時々頭を掠める。どうもまだ父がいなくなったという感じがしない。

父を廻って

父が小梅の寮で育ったという話を聞いたことがあるのが今でも印象に残っている。父が江戸っ子である訳がなくて、その当時既に江戸は東京になり、又、場所は同じだと言っても、江戸で生れて育っただけで江戸っ子にならないことは江戸っ子がよく人に説くことであって、そうでなければ妻子を江戸に置き、参勤交代の制度が定ってからの江戸時代の三百諸侯は凡て江戸っ子だったことになる。併しそのことにこだわるのも江戸っ子と田舎ものの区別という江戸っ子が考え出したことに我々もいつの間にか感染しているからで、この考えが額面通りに受け取れないものであることは江戸時代に江戸以外にどういう都市が日本にあったかを思えば直ぐに納得される。確かに、関東の荒野に出来た江戸の町はその廻りが箱根の山辺りまで田舎で、それだけに江戸の人間の田舎ものに対する意識は強かったに違いない。併し我々にとって大切なのは、そんなことよりも江戸という町そのものとその歴史である。

名前を変えるのは近世以来、日本の悪弊の一つであるが、江戸が東京になってそこに別な町が出来たのではなくて維新を過ぎて都市とか、都会とかいうことが言われるようになった時に、その観念に少しも背かないものが東京と呼ばれることになった江戸の町にあり、その町が出来てから既に三百年近くたっていた。これは蛮地に文明が入って来て急拵えの都会が出現するのとは話が違っていて、父が子供の頃に小梅に住んだということの意味もそこにある。それは任意の町の一部ではなくて名称が東京に変った江戸の郊外の小梅であり、そのことから江戸っ子と田舎ものという江戸風の考えとは別な都会人というものの観念が生じる。どこかの田舎から移って来て例えば、今日の東京に住むことになったから都会人なのではなくて、都会人である為には、そして又、或る都会がその都会であるには名が場所と結び付き、小梅と言えばそこの天地が目の辺りに浮び、その小梅は江戸、或は東京という都会の一角をなしていつの時代にも小梅だったものでなければならない。

都会も一夜にして出来るものではないので、そのことを思えば、今日の東京に住む人間の何割が都会人であるか解ったものではなくなる。それ故に、父が小梅で育ったということと都会人であるということとは切り離せなくて、このことの方が小梅の寮などというのは昔の話だという種類のことよりは我々にとって遥かに興味がある。勿論のこと、ここでは都会人に対して田舎ものという風なことを考えているのではない。もし田舎に住む人間のことを田舎ものと言うならば、そうして田舎に住む人間にはそれなりの特質や長所があるに違いない。ここでは都会人というものの性格を考えているので、田舎に住む人間にとって自然が自然であるならば、都会人というのは町の四つ角や家並などの人間が作ったものも自然の形で受け取れてそれに親める人間のことを指す。それ故に都会でも歴史、或は時間の経過は大事であって焼け跡のバラックはどう眺めても自然の形をなさない。

家や橋や電信柱が自然の一部として眺められるということが基本で、そこからもし洗練されているとか、人懐っこいとかいう副産物が生じるならば、それは単にそういうものに過ぎなくて必ず生じるという保証もない。父の感覚が洗練されているとか、その性格に人懐っこい所があるとかいうのは息子が言うことではないだろう。併し都会にも、こうして固有名詞が必要であるということは繰り返して主張しなければならなくて、これは一箇人間の場合でも同じである。父方の祖母もそういう例に挙げられる人だった。父は竹内家に生れて間もなく大磯の吉田家に引き取られてその養子になった。この父方の祖母というのは佐藤一斎の孫か曽孫で、一斎は美濃の出であるが、江戸の岩村藩の藩邸に生れて江戸で育ち、昌平黌《しょうへいこう》の儒官になった後は江戸に定住した。それで祖母などは先ず江戸っ子の部類に入るもので、江戸っ子にも色々あるとして祖母は江戸の女というのはこういうものかと思うような人だった。

若い頃は冬でも跣《はだし》で通したそうである。支那の纏足が人工の一つの極致を示すものならばなどと説明するのも野暮な感じがする。祖母のように装いに隙がない女は母親としても随分厳しかったのだろうと思われるが、父を引き取って一緒にどこかに連れて行った時、父がもう疲れたから歩かないと駄々をこねると、祖母は父をおぶって長い道のりを帰って来たという話を聞いたことがある。それから祖母は犬が好きで、長生きだったから、犬が犬なりに長生きして死ぬと又新たに飼い、その何頭かの犬が今でも大磯の家の松林に半ば砂に埋った墓を並べている。そして犬の方でもよく馴付いて、最後に飼っていたのは毎日、三時になると時間を違えずに二階の祖母の居間までお八つを貰いに来た。それも別に純血種などというのを祖母が好んだのではなくて犬であれば構わなかったようであり、それを飼っているうちに紛れもない大磯の祖母の犬になった。

この祖母は確かに洗練された江戸の女だった。吉田家は福井の出で、その為だったのかどうか祖母は熱心な浄土宗の信者だったが、毎日お経を今でも覚えている綺麗な声で読む他は、そういう信者らしい所はいつだったか一度、我々が無事に暮しているのも観音様のお蔭なのだと何気なく言ったことがあるだけである。父は竹内家に生れて小梅の寮でもの心付き、それから大磯の吉田家に引き取られてこの祖母の下に育ち、祖父の死後は東京に別に一戸を構えて大学に通った。その前から馬が好きで、その頃、学校の行き帰りは馬だったそうである。そういうことは今から思えば古臭いなどというのはどうでもいいことで、学校に自動車で通ったのでも、ここで述べた種類の生い立ちが都会人のものであることを示すことに変りはない。例えば、馬が好きだというのも都会人の趣味で、馬が人間の生活にとってなくてはならないものである地方では馬は好かれたりする以上に大事にされる。

考えて見ると、明治以後の日本では農耕用の馬のようにはっきり人間に必要であることが解っているものの他は人間にとってなくてはならないものは少くとも表向きは凡て贅沢であることになっているという感じがする。ここで繰り返して使って来た都会人という言葉が指すものもその一つで、田舎で田を耕して米を作っているのが人間の本来の姿であるから都会人というのは贅沢なのである。そしてこういう筋が通らない話はないのに表向きはそうなっているからことが面倒になるので、それで都会人と言えば洒脱だとか、弱気だとか、聞いて一向に面白くもないことばかりが頭に浮ぶという結果になる。併し人間が田舎で米を作っているだけでやって行けないことは解っていて何人もの人間が都会に集って住む必要も生じ、その必要が伝統を作り、この伝統が人間に都会に住んで仕事をする自由を与えて、それを知っている人間ということ以外に都会人というのは意味を持たない。

例えば、一般の考えに反して、都会人は律義でなければならない。これは多勢のものと鼻を突き合せて住んでいて相手をどこまで信用していいか解らないのでは生活に支障を来すからで、同じ理由から礼儀が型に嵌《はま》ったものでなくて相手の心理を中心に置いた上でのことになる。それで気が付くのは、都会で発達したことである為に都会人でなければ出来ない仕事も幾らでもあることであって国際間の外交もその一つであり、そう言えば、その外交も日本では今日でも一つの贅沢と見られているようである。そしてこれも外交上のことがどうなっても少くとも直ぐには食うに困ることにならないからで、これに対して軍備や軍人が、この一部門が外交や一般行政以上に我々にとって必要なものである訳ではないのに、外交を贅沢と見るのと変らない粗雑な頭の働き方がものを言うのでない限り、曽てなくても構わないものと考えられたことがないのは、人に殺される前に人を殺すということが田を耕して米を作るのと同じく具体的に摑める事柄だからである。

ここにも表向きそうであることになっていることと実情の明治とともに始った奇妙に日本的な、日本に特有の食い違いがあって、それ故に日本で実際に仕事と呼ぶに足るものをして来た人間の大部分はこの表向きのことと没交渉に、又多くの場合、これに逆って生きることを強いられた。従って又、それが父のようにその半生を外交畑で送ったものに限られる訳でないのは勿論のことで、例えば詩人その他の文士もその部類に入り、ただ文士ならば殊に戦前までは誤解されるまでもなくて無視されていたのに対してそれが政治とか、外交とか、実業とかになれば人目を惹かないでは置かず、これはそういう仕事に携っているものが表面は誤解され続けて一生を送るという結果を招いた。それは戦前に暗殺された政治家で国家的な損失でなかったものが一人もいなかったことでも解る。併し大事なのは政治家であっても、詩人でも、実際のその人間とは全く違った像が世間では作り上げられていた点で同じだということである。

又その銘々にその仕事があり、その人生があってそれを生き、現在でもそうであるという点でも同じである。その人間に会うまではそれまでに聞かされたことを信じていたが、実際に会って見るとという風なことが一種の決り文句になっているのは、明治から今日に至るまで日本の世間というものが少しも変っていない以上、不思議と思う他ない。その世間では父は貴族的な人間であることになっている。何故父が貴族でなければならないのか。父は吉田家の二代目であり、初代の吉田が福井のどんな家の出だったか今日ではもう解っていなくて、それだけでも貴族の定義に反している。併し白足袋を履くからという愚説もあって、曽ては官吏や実業家は質素であることを奨励されてそれで汚れれば捨てて新しいのを履くのが定法の紺足袋ではなくて、洗濯が利く白足袋を履いた。こういうことは自分の身に付いた習慣に従うもので、人に貴族と思われたくて贅沢を始めるのがなり上りものである。そう言えば、ナポレオンというなり上りものは出世してから葡萄酒は極上のものしか飲まなくなった。

併し父が都会人に育てられた都会人であって、それ故に人あしらいに気を遣い、座持ちに力を入れ、信義を重んじ、譲るべきでないこと以外はなるべく人に譲るということはあるかも知れない。それならばそれは人並に人間であることを知った人間であるということで道義の頽廃とか、風俗の紊乱《びんらん》とか、終戦の頃に盛に言われたことが漸《ようや》く実状になった現在、普通の人間が普通に見えないということはあり得る。又もし貴族というのがただ何かよさそうなものの意味に使われているならば陸でなしと比べてそれよりももう少し増しな人間が引き立つのは已むを得ない。併しこういう話は何とも退屈なもので、同じ伝で凡て本ものは骨董扱いされ、おでんも旨いものだと誰かが言い出すとそれが高級料理になる。これが頭を使わないですむことが尊ばれる今日の風景の一部をなすものであることは確かであるが、嘘と贋ものと出来損いばかりの世界で頭を使わないでいるのがそれほど楽なことかどうか疑問に思わないではいられない。

父が漢詩と漢文が好きなのもそれで解る。そこで聞ける言葉の響からして、これはまっとうな世界で、その上に幸なことに、こういうものの中での駄作が消えてなくなってから今日では大分になっている。例えば、それが日本の現代文学などではそうは行かなくて、名刺に何々賞候補作家と刷らせたりする人間がいる時代に、活字のものを凡て一応は疑って掛ることになるのは避けられない。併し司馬遷の史記を開いて太史公曰の字が目に入る時、それから先に続く文章に就ても我々は安心することが出来る。これはそこにある言葉が高級なのでも、古風なのでも、貴族的なのでも、この迫力、或は戦慄なのでもなくて、どの言葉も言葉の味がするということである。確かに、凡てが贋ものである時に本ものは贅沢であり、一切が虚偽であれば信義を重んじる精神とか、勇気とか、忍耐とか、誠実とかいう美徳も贅沢に違いない。併しそこまで贅沢を誤解するならば命という最大の贅沢を捨てて死んじまえばいいのである。

もう一つ、そうして贅沢とか、頭が使いたくないとか言っていることの結果が恐しく騒々しいということがある。大磯の家と海の間に海岸に沿って自動車道路が出来て、その先の小田原かどこかで車の列が閊《つか》えるものだから日曜など、その騒ぎに凄じいものがあるのも日本的な贅沢恐怖症の報いと考えられないこともない。初めから交通事故を起すことに無関心であれば運転するのに大して頭を使わないですむし、そうして箱根辺りまで行く贅沢は片仮名を並べた他の言葉で言えばよくて、それよりも何よりも、家にいてただ時間を過すのは明かに贅沢であるから片仮名の言葉でごまかせる車の遠乗りは贅沢ではない。終戦から占領中に掛けて同じ騒々しさが別な形で日本で見られた。我々が頭を使わないですむ時に使うのが贅沢だという考えは全く重宝で、終戦になってアメリカさんが入って来ると何でもアメリカさんが言うことを聞いていればいいのだということになった。

勿論、今ではその反対であるが、或ることが或る具合であるということになるのはものの弾みのようなもので、そのことで頭を使う必要もなければ、それに従うのにわざわざ考えることもない。もし戦後の占領を前半と後半の二つに大別するならば、前半では何でもアメリカさんが言うことを聞いていればよくて後半では何でもアメリカさんが言うことに楯付かなければならないことに既になっていた。併し実際にそんなことが出来るものではなくて、そのことをはっきりさせるべき立場にあった父に対する世評が騒々しい限りだったのは、それだから大磯に出来た自動車道路の今の騒々しさでそれを思い出すのである。恐らく、同じ何千か、何万か、何十万かの人間が、当時は父がいることを日本の不幸と思い、今は相模湾の波も目に入らずに自動車の警笛を鳴らしているものと推定される。併しこういう贅沢からの逃避が活字になったのが世評であるならば、それは人間が仕事をするのをそれ程邪魔するものではなくて、その人間が生活することを妨げるものでもない。そして仕事がすめば、後は暮すだけである。こうして我々は漸く一人の老人が無心に自分の家の庭を眺めている図までどうにか辿り着く。

又

父のことを書くのはもうこの辺で止めなければならない。そのうちにもっと纏った形で父に就ての念を入れた仕事をするようなことに或はなるかも解らないが、一体に物故した人間に就てだらだらと思い出話などをし続けるのはその興味には限度があることであり、又それが自分の父親であるならば無責任である。

それに父の場合はそうした昔話、思い出話はもっと面白いのを知っている人達が幾らもある筈で、こっちが無理をして記憶を辿ったりしては父を傷けることになる。以上のことを念頭に置いてこの一文を書く。

それで、在りし日の姿というようなことはしょり、父の死がその周到な、そして最後の計画によるものだったという気がしてならない。父が死んだ時にその場にい合せたのは主治医の先生と、昔から付いていた看護婦さんだけで、先生の方は毎日の健康診断を終えて異状がないので下に降りて門の方に向って歩いてお出でになる途中、父が具合が悪いというので呼び戻され、父を助けて寝台に横にならせて下さると、父はそのまま眠ってしまって息絶えた。

誰かが死んで近親、縁者が臨終に間に合ったか、間に合わなかったかがいつも問題になるのは間に合わなかったものがもう少しどうかすれば遅れなかったのにと悔むことになるからで、父が自分の死を周到に計画したという仮定からすれば、父はそういう気持を後に残すのを好まなかったと見ることが許される。勿論、これは凡て仮定であるが、同時にこれは、事実に即してその事実を説明する上で考えられる一つの仮定である。

次に、父が死んだ二十日から内葬があった日の翌日の二十四日まで、少くとも大磯では気候がこの季節には珍しい位温暖でよく晴れていた。父の場合でなくても不幸があった時の気候というのは弔問客に直接に影響するもので、極寒に老人がお通夜に来て風邪を引いたのがもとで自分も死ぬとか、心臓が弱いものが同じく気候の暑さ寒さの無理で自分自身がやられるというのは珍しいことではない。

殊に父は多くの年配の方々に知遇を得ていて、あの四日間もし雨が降り続いたり寒さが厳しかったとすればどんなに迷惑をする方々があるか、そのことも父が計算に入れていたのではないかという感じがする。

それに父の場合は警備とか、報道関係とかの人達もかなり集っていて、それを何とも思わないでいられる父ではなかった。あの四日間は家から庭に出ても何の変化も感じない温かさで空には星が出ていた。台風三十四号が北上し始めたのはそれから後のことである。父は富士が好きだった。それが死んだ二十日は晴れてはいても富士が雲に隠れていて、これはもっと肝腎なことに取り紛れていてそこまで手が廻らなかったのかも知れないが、翌日も翌々日も父が眺めて暮した姿を富士が現し、お客の合い間にぼんやりその方を見ていると父がいた頃と余り凡てが同じなのでまだ父がどこかそこにいる気がしてならなかった。これも父の演出ではなかったのだろうか。

大磯の家の二階にいると向うに家の境の松林が続き、もっと遠方に箱根の山が横たわり、その上にくっきりと富士が出ていて、父が後から、どうだと声を掛けるのが聞えて来そうだった。

もし一つだけ、或は父の計算違いだったのではないかと思われることがあるとすれば、父が死んだその晩に父の旧友で、もう九十を越えてお出でになる増上寺の法主が父の遺骸の前でお経を上げに来て下さった。この時はこっちも染みじみと有難い感じがしたが、その他にキリスト教の方でも何かとやっていたようである。父は神式の祭のことも考えていたのではないかと思う。

国葬と決って、これは昔の国葬令によれば、神式で行われるから、父の計画も完全に実現する結果になった積りでいた所が、今度のは無宗教の方式でとり行われた。

母に就て

自分の母に就てどうも余り書くことがないのは、考えて見て不思議な位である。そう早く別れた訳でもなくて、今の家の子供達を知らずに死んだのが残念な気がするのが、一種の感慨に近いものを覚えさせてくれると言えないことはないにしても、これは子供が生れる前に自分の母親が死ねば誰でも思うことで、特に自分の母というものと繫りがあることではない。或は、死んでしまったというのが決定的なことなのかも知れなくて、母親は優しいものだとか、懐しいものだということになっても、死んでしまえばそんなことを考えた所でどうにもなるものではない。つまり、長生きはするものなので、生憎、家の母親はこの人生の教訓を守らなかった。

母親のことを思うと、人間は余り他人の為にばかり生きて行こうとしてはならないものだという気がする。自分の都合を考えることもしなくて、他人にどうしてやればいいか解る筈がない。慈善家というものが大概、変に嫌らしい、白痴めいた表情をしている所以である。母はそれ程ひどくもなかったが、もう少し自分のことを考えたならば養生ももっと行き届いて、従って死なずにすみ、今日でもあの妙に太い笑い声が聞けた筈なのである。母の声が太かったことを、今になって思い出した。太いから、普通は低くて、いい声だった。よく歌を歌って聞かせてくれたものだったが、こっちを大人扱いにする癖があって、歌って聞かせるのは割合に早く止めてしまった。

母親の声を今になってやっと思い出したりするのは、一つはこういうことがある。子供というのは普通、女に囲まれて暮すもので、叱ったり、ものを言い付けたり、したくもない勉強を無理にさせたりするのは皆女だから、女と言えば先ず一様に敵であり、敵だということから皆同じ有難くない存在に見えて来て、それで一人一人の特色という風なものは、余り印象に残らないのではないだろうか。その上に、男の子にとっては男性の魅力というものがあって、男の大人と直接の交渉はそれ程ない代りに、自分がしたくてまだ出来ないこと、例えば戦争に行くとか、電車を運転するとか、岩見重太郎のようにお酒を一斗八升飲むとかいうことは皆男がすることであり、そういう男に対する憧れから、女などは一層どうでもいい存在になって、それでいてその女とばかり始終一緒にいるのだから、母親を懐しむなどというのは母親の味を知らない子供がすることである。それが母親も子供の方も、両方とも大人になってから色々に修正されるのだろうが、その点は家の母とのそういう期間が短か過ぎもしなかった代りに、余り長くもなかった。

もう一つは、昔の女というものがひどく不景気な恰好をしていたことである。お嫁に行ってから殊にそうで、昔と言っても、明治、大正の一期を指すのであるが、少くとも記憶に残っている限りでは、この時代にお嫁に行った女は髪の結い方も身なりも、これ以上に野暮ったくは出来ないようにする風習があった。どうしてかは解らない。併し確かにそうだったことの証拠に、母と始めてフランスに行って驚いたことがあった。母の洋装をそれまで見たことがなかったのだが、普通の洋装はまだ別に気に留めずにいるうちに、或る晩のこと、母が夜会の服装をしてどこかに出掛けることになって、その真紅の天鵞絨《ビロード》の服に眼を奪われた。女というのが美しいものであることをその時始めて知った。母は化粧すると、片方の眼が片方の眼よりも低くなった。それが如何にも愛らしくて、今思い出して見てもあの顔が一番好きである。因みに、母は馬のように大きな眼をしていた。

戦争が始る少し前に死んでよかったという気もするのは、辛い思いをさせないですんだということよりも、母には恐しく怒りっぽい一面があったからである。連合国側に友達が多かったということは別として、戦争中に起った多くのことは決して納得しなかったに違いない。しなくても構わないし、誰も納得はしなかったのだろうが、その聞き役に廻された場合のことを想像すると、これはもっと承服し兼ねる。一般に女というものの欠点ではないかとも考えられるので、解り切ったことであって何も反対する理由はないことに就ても、十遍も二十遍も同じことを繰り返して、それに始終、相槌を打っていなければならない。そしてそれをあのがんがんした調子でやられたのでは、碌に食べるものもない体にこたえただろうと思う。それとも、母も大きな声を出せば腹が空くことを覚って、戦争が終るまで待っていてくれただろうか。

　母のもう一つの特徴は子供と動物、そして動物の中では殊に犬を恐しく可愛がることだった。奇声を発してまでの可愛がり方で、その顔を可愛がられている犬や子供が驚いて見上げていた。だから母が今生きていたら、家の子供も犬も母に取り殺されていたかも知れない。併しそれ故に、子供が生れる前に母が死んでよかったとは、まさか思う気になれずにいる。やはり、長生きして貰いたかったものである。

母のこと

明治人という言葉を聞いても別に何も感じないが明治の女という一つの型は確かにあったようである。それが型であるから全くその通りの女がいたという訳ではなくて、ただ何人か明治の間に育った女のことを思い浮べて見るとそこにそういう一つの型が生じる。そして又型であるから幾つかの他の型もあるのだろうが、先ず間違いない所で日本の国というものが何かの形で始終頭にあったらしいという特徴が挙げられる。

これはこの時代になって急に日本と交渉がある外国の数が殖えた為なのか、それとも電車などというそれまで日本になかったものが目立ち、これが外国から来たものだというのでその外国に対する日本というものが殊に意識されることになったのか、その辺のことは解らない。或は当時の情勢で日本と外国というようなことを福沢諭吉その他の先達が説き、それが一代を風靡したのかも知れない。又その日本の意識は日本がまだまだと考えるのとそのうちに併し日本がよくなり、どうしてもよくしなければならないと念じるという形を普通取り、何かその点では忙しなかった。それともそこに或る峻烈なものがあって威圧されたと言い直すべきだろうか。どっちも本当のようであって母がそうだった。或はそういうものの見方が今日になって跡を絶った訳ではなくて現在でも外国というものが我々の頭の上にのし掛り、日本は駄目であるのが相場になっていると言えるかも知れないが、それが惰性によるもので、実は日本も外国も我々の頭にないのに対して母などは本気でそういうことを考えていた。又それが母だけではなかった。

それで明治の人間にとって外国に学ぶというのは徹底的に勉強することになり、例えば外国語を覚えれば本式にその知識を身に付け、外国人と付き合う時には相手の国の風俗や習慣に余計な批判抜きで熟達して立居振舞いの点でも一歩も引けを取らないことを心掛けた。これは男の場合でも明治の人間が外国語で書いた文章を見たりすれば解ることであるが、そのことを思うと母の記憶が甦って来る。もしそういうのを女丈夫などと言うのならば明治の女というものに女丈夫が多かった。

ただ例えば母がそれでどれだけ本当に外国というものを見ることが出来たのか。もし初めから相手を、そのことに今のうちはという条件が付いても自分よりも上と決めて掛るならばどうしても相手をそれだけ歪めて受け取る結果になることを免れない。併しそれでむきになって相手に向って行けばその世界に間違いなく入ることにもなり、母が知っていたのはヨーロッパの伝統と歴史がまだ揺るがずに保たれていたヨーロッパだった。そこに母の陶酔があったと見ることが許される。つまり、本もののヨーロッパを知って日本はまだまだと言っていたので、それならば話が解る。

吉田内閣論㈠

吉田内閣の最大の罪は、この内閣がいつまでも続いているということである。内閣を攻撃する他の理由は、その寿命が延びるに従って次々に挙げられているが、はっきりした根拠があってのことにしては、内閣が続くのに反比例して、攻撃する理由が変るのが早過ぎる。それとも、何れも実証出来る内閣の悪事がこのように矢継早に暴露されているのだろうか。一人の人間に就て余り色々な悪口を言うものがいたら、一応はそれを言う方を疑って見た方が安全である。

日本の内閣、或は少くとも、満洲事変の田中義一内閣以後に出来た日本の内閣は度々更迭して、誰が内閣を組織しても大して何もせず、その間に政治情勢の方が要路にある人間にはお構いなしに進展して行って、どうにもならなくなると総辞職をする仕来りになっている。そしてそういう移り変りに対する国民の関心はどうかと言うと、地方ならば、新内閣の顔触れにその県の人間が入っていないかどうか見て、入っていなければ、次の組閣があるまでもう誰も内閣などというものに興味を持たない。入っていれば、その県が日本の天下を取ったような気になって喜んで、ただそれだけである。

都会の人間は内閣の更迭に、或は組閣されてから一年もたった内閣に対してさえも、もう少し関心を持っている。都会生活が新聞を一つの必要品にしていて、新聞の第一面には内閣のことが大概出ているからである。例えば、新しい内閣が出来るとその内閣の声明文が第一面の半分を埋める。併しそこに何が声明されていようと構わないので、一年たってもまだ同じ内閣のことを読まされている読者は、内閣が組閣当時の声明通りにやっているかどうかよりも、国会で苦境に立ったとか、誰が失言をしたとか、乗り切りに自信があるとか言った風のスポーツ欄的な記事に注意する。第一、新聞がそういう方に話を持って行くのである。

つまり、政治に関心を持つとか持たないとかいうその政治は、この国では政策や外交関係や貿易を意味する実際の政治ではなくて、内閣や内閣の大臣に対する銘々の個人的な感情に過ぎないのである。その昔、浜口雄幸内閣の時に金解禁をやって、それと並行して緊縮政策というのを発表したことがあった。そして銀行に行くと十円札が金貨に換えられるので、弥次馬に人気があり、後は何でも金を使わないようにしなければならないというので緊縮政策が騒がれただけだった。その金解禁の結果として、英貨一ポンドに対して十二円だった対外為替相場が八円に跳ね上ったが、金解禁のそういう具体的な効果、或はその欠点などは一般には全然注意されなかった。少し長い眼で見なければ結果が解らない政策の遂行に至ってはなお更である。

それ故に、一番取り付き易いという理由から、政治の当事者の人物や行動が問題になって、それが政治だと勘違いされるのである。満洲事変の時に松岡洋右が日本の代表になってジェネヴァの国際連盟に行き、帰って来ると直ぐにどこかの床屋で髪を丸刈りにした。つまり、外国に行くので仕方がないから髪を伸ばしても、帰って来れば日本人だから刈ってしまうという訳で、国際会議で日本の外交が滅茶滅茶にされようとされまいと、帰って来て直ぐにこうして床屋に行く人間は偉いということになる。

吉田内閣が長続きして新聞面を賑わせない上に、再軍備やMSAの問題が起ってなお更評判が悪くなった。日本では政治に対する関心は人身攻撃、或は特定の人物に対する偶像崇拝の形を取らない時は観念論、というのは、合言葉で行くことになっている。再軍備に対する反対の仕方でも、それがよく解る。

第一に、再軍備はファッショで保守反動であるから反対するという見方がある。再軍備だから軍隊で、軍隊は保守反動だという風に結び付けるのである。この前の戦争の時でもう懲りごりではないかというのであるが、この前の戦争でもこの軍の字が間違いのもとだった。その時は軍と言えば無条件に恐がられて、今日ではその軍が無条件に嫌がられている。批判でも何でもないので、ただ恐がったり、嫌がったりしているだけなのである。計算ではなくて感情が先行している点では、昔も今も少しも変りはない。

その証拠に、再軍備ということが正確に何を意味するのか、それを強行することが我々にとってどれだけの負担になるのか、又再軍備をしないのならば、その代りにどういう策を講じるのかという風に、具体的な事実を挙げての反対論はまだ聞いた験しがない。現在ある自衛隊が既に軍隊ではないか、などと言って騒いでいる。あれが軍隊で、あの程度のものがあることで軍備の問題が片付くのなら、日本は世界で最も恵まれた国だろう。

再軍備に具体的な事実に基いて反対出来ないのは、反対する人間が、仮に再軍備をすればということを口にするのさえも何か忌しい、或は空恐しい、或は兎に角、他人にその為に何か言われはしないか心配でたまらないことに思っているからである。彼等にとって再軍備はマレンコフが、仮に自分がマルクス主義を否定するとしたらと言うのと同じ位に、ただもう絶対にあるまじきことなのだろう。従って問題は、日本の現状では再軍備などということは考えられないから反対するということなのではなくて、どんなことがあろうと、再軍備は保守反動だから反対するということなのである。併しそれでは反対する理由にはならないので、保守反動という言葉の魔術に掛っているとでも思う他ない。

再軍備しないでどういうことをするのかはっきり言えないのも、同じ合言葉の魔術に掛っているからである。何もする必要はないではないかと反問して来る。つまり、日本が無防備状態になることをソ連も中共も心から喜んでくれて、日本は益々栄えるだろうというのである。もとの朝鮮の半分しかないような小さな国までが、日本に海軍がないからと言って妙な文句を付けて来る時に、考えて見れば解りそうなことを決して口に出さずにいるのは、現在、日本を支配している合言葉によればソ連も中共も日本の先進国であって、それをアメリカ軍のお蔭で出来た朝鮮の半分しかないような小さな国と一緒にするのは保守反動と見做される恐れがあるからである。イデオロギーとはよく言ったもので、流行の合言葉でしかない観念で政治をやろうというのだからたまったものではない。

流行の合言葉を離れて考えるならば、今の日本に再軍備が出来る訳はないのだから、出来るまではアメリカ軍にいて貰う他はない（そして仮に日本がジェット機を五千機も持つようになっても、まだアメリカ軍との提携は必要だろう）。所が、軍備なしでアメリカ軍にいて貰うとなれば、再軍備反対論者も納得しそうなものであるが、そんな簡単なことではないのである。ソ連や中共に侵略の意図があるなどと考えることが保守反動ということになっている上に、親米、と言うのは、アメリカ軍の駐留の必要を認めることも保守反動になっているからである。保守反動、ソ連、中共、親米という風な合言葉の威力を思えば、日本の再軍備反対論者、また延ては所謂、進歩的な分子の無策も納得出来ないことはない。併しそれで納得出来るのは彼等が阿呆の集りだと、いうことなのだから情ない話である。

駐留軍の必要を認めることが親米であり、アメリカ一辺倒になるのだから、吉田内閣に対する攻撃の性質は勿論のこと、政治というものに関する一般の常識の程度も大体どんなものか解る。そしてこれが又実に昔と変っていないのである。英米と戦争を始めれば英国もアメリカもいけない国になり、従って英語の勉強をすることもいけないことになる。今日、ソ連の衛星国でなければ、どこの国も自国の存在を守る為にアメリカと提携する以外に道はない。そしてアメリカと提携するということは親米であり、アメリカ一辺倒であり、アメリカが言うことならば何でも聞いて、アメリカがすることならば何でも認めることだという考えなのだから、既にこれは性急などということを通り越して知能の程度の問題である。

そういう風に見て来ると、対米問題にしても、再軍備問題にしても、吉田内閣が取っている政策は合言葉の魔術に掛ってさえいなければ、誰でも当を得ていることが理解出来るものだということになる。併しながら、それなら結構ですましてしまうのでは、吉田内閣が、或は吉田首相が可哀そうだろう。当を得ているというのは現実に即しているということで、現実に即した方法がいつも最も困難なものなのである。例えば、国の防備を任かせてあるアメリカの発言権が増大するのにどのように対処すべきか、又、MSAの交渉にしても、最小限度の譲歩ということが大きな眼目の一つだったに違いない。態度がいいなどというのは出発点であって、凡てはそれから先のことに掛っている。

その線に沿って、吉田内閣がやることを批判したらどんなものだろうか。ただがむしゃらに反対する為に反対するのを止めて、現実の政治の観点から政府の施策に賛成し、或はこれを批判することになれば、当事者にとってもやり甲斐があるだろうし、またその方が実際に悪政が防げるのである。教育法反対でも、警察法反対でも、いつもの続きだというのでそれだけ反対する効果が失われている。何故、法案の条文を読んで、反対すべき点に反対しないのか。ただ政府がやることだから反対するという態度は、何れはファッショを招来する危険を孕んでいる。

再軍備が実現した場合を考慮に入れずにこれに全面的に反対することは、日本が再び軍備を持つことになった時に、所謂、進歩的な分子の完全な敗退となるのであり、右翼の手で作られた軍隊こそ危険である。寧ろ今から国民は自衛隊が健全な民主的な軍隊に育つようにこれを監視すべきではないか。

都合がいいことに、今度は汚職問題というのが出て来た。吉田首相が収賄したとなればその政策を批判する為に頭を使う必要がなくなる。日本語が喋れる程度の知能さえあれば、誰でも、あ奴は怪しからんと言えるからである。怪しからんことに対しては又誰でも興味を持っている。怪しからんと繰り返しているうちに、これが全国に広まって、何とはなしにあ奴は全く怪しからんということになり、それで情勢は相手を倒したい方に有利に発展することもある。これをアメリカでは whispering campaign と言う。アメリカはいけないのなら、フランスではそれに乗る多勢の人間のことを moutons enragés と言う。意味を説明すると失礼になる向きもあるかも知れないから、訳さずに置く。こうして倒された内閣は前にもある。併しそれが国家に利益を齎した例は曾て聞かない。頭を使わずにいい結果は得られないのである。

アメリカのことを書いたので、国の対外的な信用ということが頭に浮んだ。国際的な信用ということ程日本で誤解されていることはない。と言うよりも、そういう観念が全然頭にないのである。その代りに国威を宣揚するという考えがあって、これはどういうことかよく解らないが、要するに、外国人に向って大に威張って見せることらしい。暴力も結構で、例えば誰か日本人がワシントンに行って大統領と握手する代りに、その頭をぶん殴ったとしたら、それは痛快なことであり、従って国威を宣揚したということになるようである。それならば、例えば外交は国威を宣揚する場所ではないし、他の何だろうと、真面目な仕事でそんなことをする場所はどこにもない。それが大規模にやりたければ、外国に軍隊を送って何十万か何百万の人間を殺し、何十かの都市を壊滅させるのが一番いい方法なので、つまり、国際間に自国の信用を維持するということの正反対なのである。

従って日本では、それを維持するかしないかというようなことが問題にされた験しはない。併し世界が現在の形で構成されている以上、国際間に信用がなくては国の存在を保つことは出来ないのであって、その道を誤らなかったという意味では吉田内閣の功績は大きい。これは戦後の他の内閣と比較して見れば直ぐに納得出来ることと思う。終戦後の窮状ということもあるだろうが、占領中に日本が最も屈辱的な立場に置かれたのは片山内閣、及び芦田内閣の時代だった。その当時取られた政策は軍司令官主義というのであって、実際にそういう言葉は用いられなかったにしても、歴史的にはそれがそのまま当て嵌る。まだ満洲国というものがあった時代に、新京には日本の大使館があり、関東軍司令官が日本大使を兼ねていた。そして満洲の日本大使館ではその大使を兼ねている関東軍司令官の意志通りに動くという建前が取られていて、これを軍司令官主義と呼んだのである。

片山内閣時代、芦田内閣時代には、アメリカは日本をどうにでも出来ると思っていたのに違いなくて、事実そうだったのだから、そう思われても仕方がなかった。総司令部の勧告は凡て命令と解釈されて、夏はより多くの日光を浴びる為に時計を一時間早くするという、北海道よりも更に北でしか通用しないことが法律として制定されたのもこの時代である。内閣総辞職の時に首相が自ら第八軍司令官の所に暇乞いの挨拶に行くという有様だった。これが仮に総司令官の所に挨拶に行ったのだとしても国辱である。こういうことをして、大いにアメリカの信用を博した積りでいたのかも知れないが、与し易いと見られるのと、信用されるのとは話が違う。おっかなびっくりでやって来たという意味でも、終戦直後の日本に対するアメリカの信用は寧ろ高かったと見ていいのであり、それが全く地に塗れたのである。

吉田内閣の功績なのか、首相の功績なのか解らないが、この信用は確かに回復された。そしてアメリカに対してそうだったということは、世界の日本に対する信用を回復したことになるのを忘れてはならない。国際間の信用というものは国際的に作用するものなのであって、例えば、ドイツとイタリーを手馴付けて置きさえすれば後は何をしても構わないというようなものではない。この功績は歴史に残ると思う。

三面記事以外に、毎日の新聞に報道される細々とした世界の動きなどに誰も注意せずに過したのならば、この信用回復の手っ取り早い例としてサンフランシスコの講和会議がある。第一次大戦の後で開かれたヴェルサイユ講和会議の時は、敗戦国に対する苛酷の条件に署名する代表の役をドイツ側では誰も引き受けたがらず、無理に選ばれた代表は法廷で裁かれる被告同様にヴェルサイユに連れて来られて、条約文を突き付けられて有無を言わさず署名させられた。当時連合国側の一員だった日本の代表の一人がその光景を見て、戦争には負けたくないものだと述懐したことがある。

それと比べるならば、吉田首相のサンフランシスコ行きは、文字通りにそこに乗り込んで行くという感じのものだった。この会議の立役者は紛れもなく日本の代表だったのであり、世界の外交史上、講和会議で最も注目される人物が敗戦国の代表だったのだというのは前例を見ないことである。吉田首相がこの時受けた待遇は、条約の内容の正確な反映である。少くとも、日本の国民がこの条約の結果を身に染みて感じさせられるなどということは全くないのだから、その内容が苛酷だったなどと言うことは出来ない。連合国側の好意ということもあっただろうが、それもどの程度のものだったか解らない。ここまで漕ぎ付けるのにはどれだけの苦労を必要としたことか。その結果として一つの事業が完成されたという感じがする。

という風に書いて行くと、吉田首相というのは実に立派な人物で、その内閣が続く間は何も、心配することはないという意味に誤解されるかも知れない。粗忽も甚だしいものである。政治というものが低級で、一年先のことも解るか解らない（これはビスマルクの言葉である）、これは現実に密着した仕事であることは周知の事実であるが、それだけに我々自身の生活もその政治にさらされているのであって、政治家が一人か二人いた位のことですむものではない。日本の政治が健全に行われる為には、少くとも吉田首相が行う程度の政治に対する批判力が政治に関する国民の常識になり、吉田首相程度の人物が何十人か、でなくても各政党に一人はいることが最小限度に必要である。問題は吉田内閣がいつまで続くかということではなくて、現在のような変則な政治のあり方でいつまでやって行けるかということなのである。

吉田内閣論㈡

吉田内閣が漸《ようや》く総辞職して、皆ほっとした気持になり、国民の表情は明るくて、やはり正義は勝つというので心温る思いをしているかどうか知らないが、先ず大体そういうことを言って置けば安全のようである。言うことになっていることを言う、言わないの問題を離れて、実情に即して考えて見ても、吉田茂氏自身の他にもほっとしている人間が随分いることだろうと思う。

第一、あの吉田首相の悪口というのが型に嵌《はま》っていて、読んでうんざりするのが毎日倦きもせずに新聞で繰り返される為にまともな攻撃もただ流行を追っているように読み違えられたのが、今ではさっぱりになっただけでも慶賀の至りである。トリローの冗談音楽などというのは吉田首相一人で持っていたのではないだろうか。その吉田首相なるものがいなくなって、あの愚劣な吉田攻撃が聞かれなくなったのも、とは言え、文藝春秋新社がこのプログラムを後援している間は何か別な種を見付けて、同じ愚劣な放送を続けるのだろうから、この方はまだ慶賀する段階に達していない。

そこへ行くと、同じ吉田攻撃でも、トニー谷のABC読本は第一級のものだった。吉田攻撃などという窮屈な名前を付けては勿体ないようなもので、機智があり、ユーモアがあって、それにトニー谷による吉田首相の声の真似が、これが逸品だった。

外遊前にABC読本がその外遊の実況放送を羽田でやっているというのがあって、爺さんが評判が悪いので飛行機の中でしょげ返っていると、岡崎外相だか何だかがどこかからの贈物だと言って大きな箱を持ち込んで来て、爆弾が入っているかも知れないから開けない方がいいと止めるのに、吉田首相は、開けて見なしゃい、と言う。その、開けて見なしゃいが、吉田さんの声通りかどうか解らないが、ラジオで聞く吉田首相の声そっくりで、腸捻転を起しそうになって苦しかった。この箱がパンドラの箱で、国会の騒音が一しきり箱の中から飛び立った後に、それでも最後にはいいものが残るので（それを言っている吉田首相の声の為に、又腸捻転が起りそうになった）、底を探すと札があり、それに曰く、帰って来るな。

つまり、トニー谷氏というのは吉田首相がいなくなっても別に困らない才人なので、浪花節もやればタンゴも歌えるし、吉田首相の声帯模写はその多芸の一部に過ぎず、だからもっと広い立場から世間とか（というよりも、庶民の世界とした方が正確だろうか）、人生とかの真中に置かれているという気持で、自分がいつ社会党左派になって平和運動に加入を申し込んだのだろうなどと思わずに、吉田攻撃を徹底的に楽むことが出来た。あれがもう聞けないのは、何か寂しい気がする。吉田内閣から鳩山内閣に変った後の日曜こそ、聞き逃してはならないと思っていたのに、丁度、客が来ていて、気が付いてスイッチを捻った時は九時半を過ぎていた。そのテープでも借りて来て、一度聞きたいものだと思っている。

併し吉田内閣が六年間という、保守反動的に長い期間続いて、その間の政府攻撃、或は吉田首相に対する個人的攻撃の中で、記憶に残っているのはトニー谷氏によるものだけだというのは、確かに一考を要することである。一つには日本の新聞が常識を欠くことを常識にするようになってから、吉田内閣の寿命よりも大分長いことたっているという事実が挙げられる。子供の頃まで遡って見ても、例えば原敬が暗殺される前の新聞の論調、などと言えるものではないが、要するに、新聞の調子は猛烈を極めていて、その頃は幅を利かしていた国賊、逆賊などという言葉が毎日の新聞面で幅を利かし、あれでは原敬は新聞に殺されたのだという見方をしても少しも誇張ではないと、現在でも考えている。同じ殺すのなら、もう少し殺しても構わない人間を選んで貰いたかった。併し新聞の政府攻撃が大体そんなものだということになれば、誰だろうと政権を握っているものに対する攻撃が例によって例の如しという印象を免れなくなるのは当り前であるかも知れない。

それから、雑誌による攻撃が六年間、先ずは毎月あった筈である。これは二種類に分けられるので、一つは吉田首相、並に内閣がやっていることは勿論、話にならないという建前から出発して、次に、もし自分だったならばという構想に移り、何か解らない数字や専門用語をやたらに使って、もし実行出来たらお目に掛りたいものだという風な高遠な理論を展開する種類であり、もう一つは、要するに、吉田内閣の悪口を言っていれば流行に遅れずにすむという一心で書かれたもので、何れも読んで感動することを期待するのは無理に思われる。

そういうことから気が付いたのだが、もし吉田茂氏が原敬並のではない本当の悪党で、氏が六年間行って来た政治が悪政の極みであり、我々がその間、全くの暗黒時代に住んでいたというのならば、その政府が倒れたことに対して国民は喜びに溢れるべきで、それまでに国民の怒りが新聞雑誌の攻撃さえももっと迫力があるものにしていた筈である。この点は、どう考えたらいいのか。

日本の知識階級なるものはこういう場合に、国民を愚民扱いにするという常套手段に出る。一方では愚民を啓蒙し、一方では政府を批判して、その他に大学で講義したり何かしなければならないのだから大変な訳であるが、それではその知識階級なるものは国民ではないのかとよく思うことがある。知識階級だということも怪しくなるのは、どうも自分も、自分が附き合っている友達も、やっていることを外国流に考えれば知識階級に属していて、それでいてこの所謂、日本の知識階級とは縁もゆかりもないものと思えるからである。併し何れにしても、日本の国民が愚民であるなどという高遠な理論は一向に信じたくない。

つまり、吉田首相が一番評判が悪かったのは代議士と、新聞記者と、所謂、知識階級なるものの中でだったということは、全くこの老人に対して心温る思いをさせるものがある。この三つに共通するものは口舌の徒であるということだろう。

ものを言うというのは本来は言いたいことがあるから言ったのであり、言った以上はその責任を取るのが常識だった。併しものを言うのが職業になると規則が大分変って、言いたいことよりも言って得になることの方が大事になり、言ったことに対して責任を取るなどというのは損だという説が取られる。或る時、こっちが病気中と知って病院までやって来た何とかいう新聞の政治部の記者が、吉田首相の食言なるものを色々と聞かせてくれたが、それで、なる程と思った。新聞記者という人種は責任を取る必要がないから、責任というものがどういうものかということまで忘れてしまって、責任を取る人間というものが馬鹿か、悪党か、どっちにしか見えないものらしい。

そういう吉田攻撃に入って来る雑多な要素をなるべく取り去って、吉田首相の在任中の業績というものを考えて見ると、先ず一番大きなことは生活の安定ということだと思う。これには六年間、同じ内閣で政治を続けることが出来たということ自体が一つの大事な要素であることは明かであって、これを昔式な、首相の地位にあるということそのものが何か貴重なことだという風な考えに従って、第二次吉田内閣成立以後、それも占領下で、一年か二年で潔く政権を放棄したりして現在のようなごたごたを起し、又誰かが別に内閣総理大臣になって嬉しそうな顔をして、一年か二年で又、というのを繰り返していたならば、国の復興と生活の安定がどれだけ遅れたか解らない。日本が独立することそのものがそれだけ遅れたに違いなくて、早い話が、「文藝春秋」が六十万も七十万も売れる世の中などというものは、先ずは考えられなかった筈である。

これに対して所謂、知識階級なるものは、今度は日本の国民を賢民に仕立てて、日本人が勤勉で忍耐強いことは西洋人も認めていることであり、国が復興して生活が安定したのは国民の努力の賜物であり、何も吉田内閣の功績ではないと抗議するだろう。併し自分のその時々の立場で国民を上げたり下げたりされるのは国民の名に於て迷惑であって、確かに最後にものを言うのは政府でも、国民の一部である筈の所謂、知識階級でもなくて、国民であるが、どんな国民でも、占領中というような事態で政府にやたらに変られて、次の政権を狙う権力慾患者の群に四方八方から占領軍に取り入られては、自分の生活を建て直すという至極当り前なことがひどくやり難くなるのである。政府を批判するという立場を後生大事に守るよりも、こういう問題は国民の身になって考えることが大切である。

次に、何が復興で何が生活の安定かというので色々と数字を出して文句を付けることだろう。併しいつだったか、経済学の本を読んでいたら、人間の生活に必要な最低の条件は、頭の上に屋根があり、背中に布が被さっていて食べものがあることなので、そんなことはないと思うものがあれば、戦争中の塹壕《ざんごう》戦のことを考えるがいいと書いてあった。塹壕戦などという言葉が出て来るのだから、戦争というのはこの前の、第一次大戦で、話は大分古くなるが、同時に又、マルクスよりも大分新しいことも確かである。そしてこの頭の上に云々を、終戦直後に我々の大部分が経験した生活であるとすれば、その後十年足らずのうちに国民の生活がこれと比べものにならない位向上したことは説明するまでもない。尤も、結構楽な生活をしながら、不安だ、深刻だと言っている小説家もいて、こういう連中に文学の夢と実際の生活をごっちゃにされては敵わない。併しそれを勝手にごっちゃにしているのは案外、その小説を読む所謂、知識階級の方かも知れないのである。

次に、この紐付きの独立が何の独立かという論も流行している。併し紐付きの独立だと公言して愛国者面だか、進歩主義者面だかがしていられるのと、講和条約はいつになるかということまで遠慮していなければ口外出来ないのでは大変な違いなので、安保条約がどうのなどということを持ち出す前に、これも国民の身になって考えるのでなければ意味をなさない。独立というのは主に心理の問題であり、そういう一つの出発点なのである。後は、紐付きの何とか言っている人間も含めての努力一つである。インドも独立国だということになっていることを忘れてはならない。

つまり、こういう太平楽が並べられる世の中になったことを（この、今書いているような太平楽である）、吉田内閣の政治とは切り離すことが出来ないと思う。

日本人であることが何か恥しい気がして、勿論、貴方の国のアメリカではなどと言っていた時代が過ぎ去って、アメリカなんて何だということが流行するようになったのも、或る程度までは日本人にあるべき自信の回復をもの語っている。それには吉田首相の時代になって占領軍の希望は一つ残らず通すという、従来の習慣が改められたということも勿論、役立っているが、それよりも六年間、初めは占領軍に対して、次にはアメリカ政府に対して日本の国民をそっとして置くという政策を取り続けたということが、この自信と自力の回復ということに大きく貢献している。エリザベス一世はこれと同じ方法で、無敵艦隊を破るまで英国の国民をスペインに対して守り続けた。

勿論、ここでアメリカが日本の敵国であると言っているのではない。敵国だったアメリカを日本の友邦になる所まで引っ張って来たことも（少くとも、所謂、知識階級以外の立場からすれば）、吉田首相が残した功績の一つである。

これはアメリカが言う通りにはならなかったということと矛盾しはしないので（という風な説明をするのも馬鹿々々しい限りだが、この頃の雑誌に載っている論文を読んでいると、解り切ったことは一切、解っていない風に扱うことになっているような気がする）、前にもどこかで書いた通り、へいこらするのと、真情を披瀝して相手をやっつけるのとでは話が違うので、前者は属国の関係へ行く道であり、後者は相手が少しでも増しな相手ならば、友好関係を結ぶ唯一の方法である。

と書けば、所謂、知識階級は、解り切ったことだと言うだろうが、先日、その階級の一部が、或る外国人の団体の所に招かれて行った所に立ち会わされて、愛想が尽きた。

黒船の昔ではあるまいし、外国人だからと言って、それがソ連人でなくてアメリカ人や英国人であっても、別に取って食べはしないのである。ということを聞くと、今度は、この頃のシャムやレバノンの税関の小吏が日本人に対して取っているような態度に出るのだろう。その程度のことなら、吉田外交が紐付きだったなどということは言わない方がいい。翻《ひるがえ》って、失策の方を見れば、六年間には失策は幾らもあった筈である。不思議なのはそれが一度も指摘されなかったことで、根も葉もないことは恥も外聞もなく取り上げられながら、批判の実績というものは全然挙げられなかった。別な表現を用いれば、お前は馬鹿だ、というのは悪口に過ぎないが、お前は馬鹿でこういうことをするが、それをこうしたらどうかということになれば忠告になり、それならば実際は、お前は馬鹿で、だけ無駄である。

文学の世界でも、破壊的であるだけの批評が意味をなさないのに似た事情がここに見られる。同じ文学の比喩を用いれば、吉田首相というのは、優れた老作家が何かの理由で(例えば、吉田さんのように戦争中に軍部と臆面もなく協力してか)、文学界に完全に黙殺されて文学の仕事をし続けた、という風なものではないだろうか。助言があればそれに従いたかっただろうが、阿諛《あゆ》も、罵言《ばげん》も、信用出来ない点ではどこも違う所はない。

併し日本は助かった。それでいい筈である。静かに眠れ、と言いたい所だが、この場合は寧ろ、獣の眠りを眠れ、とした方が適当のような気がする。併しこれも教養ある親爺に向ってのことであって、一般にはこういう言葉も誤解されることだろう。

吉田茂

父に就ては本式の伝記のようなものは別として以後もう書かないと前に公表したことがある。その趣旨は今でも変っていない。併しこれは交遊録であってここで扱っている人達の伝記ではないまでもそれに資することも心掛けて書いているのであり、この前に拒否したのは少くともその頃の時好に投じて何かと父に就て書き散らすことだったので父も生涯に親しくした人達の一人であるから当然この交遊録に入れなければならない。併しそれが親しくなった順序で最後に来るのに就ては先ずその辺のことを説明することから始める必要がある。

こっちが生れた時に父は任地にあって父と顔を合せる前に牧野さんを知ることになった。この状態がいつまでも続いた訳ではないが、その上で父との間に出来たのがあり来りの親と子の関係だった。この頃はその関係に就て恐しく穿《うが》ったのでなければ論者の思考力の不足が目立つ類のことが説かれていて過ってこれに耳を貸せば親であり子であることが人間の一生の不幸であるという錯覚に陥り兼ねない。併しその種の説は思考力の不足の他に先ず例外なしに所謂《いわゆる》、為にする所があってのものであることも自明であって少くとも子の立場からすれば親は空気も同様にあってもないようなものであり、それがこの点も空気と変らずもしなければ困るものだということまで子の方は多くの場合思い至ることがない。又その状態が一生続くこともあって何とかの断絶と言った類のことは殊の外に話にならない親子のことを取り上げて勿体振った註釈を付けたものと思えば足りる。

併し父との場合は二人とも或る程度の成長を見てから一時は寧ろ意識して遠ざかって行ったという経緯があってこれは人間の中では女よりも男にとっての仕事ということ、それも二人のうちでは父の仕事と関係がある。これを一口に言えば父はその一生の大半に亙って不遇の境地にあった。それは必ずしも初めからではなかったかも知れなくて曽て父から聞いた話ではその在学中にどういう職業を選ぶかに就て考えて世間を見渡した所上役に頭を下げずにすむのは役人だけであるらしいので役人になったということだった。今日では想像し難い話であるが父が外務省に入った明治三十年代の日本ではそうだったようで独立不羈《ふき》と言った精神がその頃の官界で尊ばれていたことは他の人達の例でも解る。併しその次に来た大正の時代が何か奇妙なものだったことに就ては河上さんの所で既に触れた。又その明治から大正への変化は微妙なものだったに違いなくても例えば明治型の役人が大正に入って喜ばれなくなったことは容易に想像出来て父も大正を通してその立場をどうにか守り続けて外務次官まで行ったのではあっても昭和の初期にその位置から転じてイタリー駐劄《ちゅうさつ》を命じられたのは表向きは昇格であって実質的に左遷であることは実質的にと断るまでもない位誰にも解っていた。

その任地にある間に満洲事変が起ったのはそういうことが重なるものであるということよりも時代がそういう風になっていたことを示す。この事変から大東亜戦争の終結に至る一連の出来事が歴史の上から見るならばあるべくして起ったものであることは横光さんの所で書いた。併し当事者の立場からすれば話が違った性質のものになってこの昭和十年代の一時期のように政治、外交、或は一般に政治と呼ばれているものが乱雑に、或は無秩序に、或は無節操に行われたのは少くとも明治以後それまでの日本の歴史になかったことである。その後に便乗と呼ばれることになったものが人間の行動で目立つことになったのもこの時期でその限りではこれが戦後の日本を前触れするものだったとも言える。一体に歴史が転換期にある際にはこうした事態が生じ易い。これはそれまでの条件に基いて培われて来た常識、見識が局面の収拾に役に立たなくなる為でそれでも収拾は試みられることが混乱に拍車を掛けて転換が転換と認められて常識が再び働く余地を与えられるまでそれが続く。又もしそれが明治維新のような大変動であるならばそれが起ったことがこれを推進する精神の持主達の存在を示して悲劇はあっても混乱は免れるが昭和の転換期は明治維新の線上にあってその一つの帰結だった。

そして父は当事者の位置から外されてその時期を送った。こうした際にそれまでの見識が役に立たなくなると書いたが別な言い方をすればどういう見識も転換がその通りに転換なのか、それとも単なる逸脱なのかの区別も付かない間は行動の面では用をなさなくて暫《しばら》くは静観の態度に出ることを強いられることになり、殊に満洲事変が始る辺りからの日本の情勢では何かが起ろうとしていることに当りを付けるだけで充分な連中が表面に出る以外には人の動きが止った形だった。これに就ては機に敏感に応じるのが我々日本民族の性格の一つであることを理由にでもする他ない。その頃に松岡洋右という人が満洲事変の処理に就て国際連盟の会議に政府代表で派遣されていて派手に活躍し、そういう或る日牧野さんの所に行くとまだ在職していた牧野さんが役所から帰って来て今は最悪の事態と言ったのを覚えている。そのうちに松岡洋右のようなのも出る幕でなくなった。

父の不遇を示す一例に昭和十一年に二・二六事件というものが起り、これも我が国民の一つの性格である或る微妙な平衡の感覚からそれまで横暴を極めていた所謂、軍部がこの一挙で全く国民の信望を失い、それから暫くの間はこの軍部を抑えることも一応は見込みがあることに思われた。この事件の処理に新しい内閣が出来ることになってイタリーから帰って以来というもの浪人していた父が入閣することに決ったのもその現れだったが軍部はその場合は新内閣に陸軍大臣を送らないというその頃から用い始めた手段で父の入閣を阻止し、その埋め合せというような意味で父は駐英大使に任じられた。曽ては駐英大使というのが外務大臣にも増して外交官にとっての名誉ある地位だった。併し当時は既に米英がどうとかしたという時代であって一般の眼から見れば父はひどい所に行かされることになったのであり、そのように父の任命が発表された際に事実人に言われたこともある。この新内閣の首班は父と同期の広田弘毅氏だった。

これが昭和の初めにイタリーに暫くいた時から終戦までの間に父に与えられた唯一の職で二、三年して英国から帰って来ると父は又もとの浪人生活に入った。その十何年かに亙る時期の父というものをこれを書いていて思い出した。それは父が経済的にも窮迫していた時期だったに違いない。併し明治の役人というのはこれは二葉亭四迷の場合でも解るように所謂、天下国家のことが常に念頭にあって又その仕事をするのが役人でもあった。父にその仕事は既になくて天下国家は父の眼にはただ壊滅に向うものに映り、その見方に狂いがなかったことは我々も知る通りである。まだ牧野さんにはその能力を十二分に発揮した記憶があった。併し奉天総領事とか駐伊大使とかで仕事の面での生涯を終えることはまだ五十代の半ばを過ぎたばかりの父には堪え難かったに違いない。それも天下泰平の時代に役所勤めにも飽きて引退するのならば別であるが父には許し難いことがその周囲で行われていて父はそれを傍観する立場に置かれた。

尤もこれは必ずしも傍観するばかりだったとも言えない。父が終戦まで、ここで憂国の士を語らってと書く積りでいたのであるが戦後の日本でこの憂国ということがどのように荒唐無稽の意味に用いられているかを思ってこの言葉が使いたくなくなった。それならば同好の士とでも言って置くか。父が終戦まで同好の士を語らって何かと画策していたことも事実であるが、それが凡て裏目に出て非合法に投獄されて何ヶ月か後に釈放されたのが終戦の数日前だった筈である。併しそれまで画策することで暇が潰せた訳でもなかった。父は外務省から送って来る文書の裏を使って習字をし、漢籍を読み、又東京クラブに出掛けて行って他の会員と玉を突き、夜はよく新橋辺りで飲んでいたらしい。尤も今日でも政治家が何かと画策するのが某料亭に会合してという風になって新聞に出る。ただ父の行動に注意していたのは当時は軍部だけだったかも知れなくてそれ程に父は一般には無用の人間になっていた。それとも所謂、国賊だったのか。

その頃の父には何か目も当てられない感じがするものがあった。それが初めに書いた男にとっての仕事というものである。何か男にとっては仕事をするのが成長するのに必要なことであるようでその方面での自分というものを確認する所まで行かない間は成長が完了せず、その機会を奪われれば成長が阻止される。ここで考えていいのは父の場合に所謂、立身出世をすることが仕事をするのと同義語であり、それが自分で選んだ職業が役人だったのであるから避けられないことだったということである。牧野さんはその頃の父と同じ年輩の時に既に各国駐劄の公使、外務大臣を歴任してパリ講和会議の全権の一人に選ばれていた。父は外務省からも引退していた。これは長い間待命という要するに屈辱的な立場に置かれていて自分から定年になる前に退官したのである。もう一つ思い出すのは家に誰かから貰った黄と黒の奇妙な斑のグレイハウンドがいて父が毎朝これを連れて散歩に出掛けていたことである。その途中で父がどんなことを考えていたか想像したくもない。

それでこっちの話になる。丁度その十何年間かがこの交遊録で書いて来た人達の多くに最初に会って付き合いを始めた期間に当る。その面では恵まれていたと言う他ないが、この人達が凡てそれぞれの分野で既に仕事をしていたことも前に書いた通りでこっちは仕事と呼べる程のものをまだ何もしていなかった。ここで天下国家のことと文章の仕事の比較というようなことが意味をなさないことに就て多く言う必要はない。そう仕事というものに種類がある訳でなくて一人の人間が自分の仕事に選んだものが仕事である。そして父がその仕事からはぐれていたのが大正から昭和に向って日本がその歴史の上で或る転換期にあった為であるのに対してこっちに仕事らしい仕事が出来ずにいたのはもっと簡単に文章というのがいつの時代にも幾つかの蹉跌があってからでなければ自分のものにならない性質のものであるからだった。併し理由はどうだろうとこうして二人の人間が同じ家にいて思い思いにその志を得ないでいたことになり、それが諦めるというようなことを許すものでなかったから互に顔を合せるのも苦痛だった。今思い出して見てもこれがこっちの一生のうちで最も暗い時代だった感じがする。

終戦になってこっちが海軍から除隊になって大磯の家に戻って来た時父も陸軍の衛戍《えいじゅ》監獄から出されたばかりだった。尤も監獄で出来た腫れものが直ったばかりということだったから釈放されてから少しは日数がたっていたかも知れない。その小さな家中を探しても白葡萄酒一本しかなくてこれを冷やす方法もなくて二人で飲んだように覚えている。それはいい月夜の晩だった。その時のことを思うと妙な感じがして父は自分の時代はもう終ったと言って又実際にその積りでいるらしかった。それはこっちが何が終ったのでもなくてただ何もない感じでいたのとそう違ったものでなかったことが想像される。その家にそれから幾日かいてこっちは家族の疎開先に行き、そこにいる間に父が入閣することになったと記憶している。その辺の前後が余り確かでないが入閣がいつのことだったのでも働き盛りの時に仕事が出来るどういう地位からも遠ざけられていて漸く外務大臣に就任したのが敗戦国の日本であることからしても父が不幸な人間であることは間違いないと思ったのは覚えている。

そのことに就ては後で更に述べなければならない。兎に角父が入閣し、更に何度か組閣する時代になって父との行き来がそれまでよりも頻繁になった訳ではなかった。その理由は全く日本的なもの、或は少くとも戦後の日本の特色をなしていると思われることにあってそれに就て書いて置くのも或は何かの意味で無駄でないかも知れない。これが戦後のこととも考えられるのは戦後の日本で内閣総理大臣というものの権限がそれまでと比べて法外に強大なものになったからであってそれに当人が馴れてその影響を受けないようになるまでに時間が掛ることを父からも聞いたことがある。併しそうでなくても何故か日本では要職にあるものの廻りに人が集る傾向があってこれがその下にいるものを飛び越えて直接に色々と請願する為であることはこれは日本では説明する必要がない。そのことをこっちが戦後になって知ったのがそれまで要職にあるものと行き来がなかったからでないならばこれはやはり昔の日本では要職にあるものの境遇が違っていたことになる。

初めのうちはこっちも官邸まで出掛けて行って安ものながらウイスキーがあるのを重宝なことに思っていた。併しそのうちにこっちも請願の対象になることを知って考えなければならなくなった。この時期のように誰だか解らない人間に馴れ馴れしくされたことはない。恐らく要職にあるものと行き来している人間の顔触れは直ぐに調べが付くものと思われる。又その為の網は細かく張り廻らされていて請願を避けるには父の所に行くのを止める他なかった。それ以外に連絡を取る方法は幾らもあって可哀そうにそこまでは請願組、利権漁り組の眼が届かなかったらしい。兎に角それで父の在職中の六、七年間は殆ど顔を合せずにいて便利なことに父の動静は特別な工作をしなくても新聞その他で細かなことまで解った。ただ一度だけ講和条約の調印にサンフランシスコに出掛ける前の晩に家族と一緒に会いに行ったことがあってその時父が蒼白な顔だけ残した骸骨のようになっていたのに驚いた。

それで父が不幸な人間だったということを考え直す必要が生じる。父が戦前にしたことと言えば支那に在任中に満洲の経営に或る程度の貢献をした位なものでその為の関東軍との交渉も後に所謂、軍部を本式に相手取っての画策の小手調べに過ぎなかったと見られてその画策は父の負けで終った。併し歴史を見ていると政治家には二つの型があってどういう政治家もその何れかに属するものであるように思われる。これを大ざっぱに説明して一つは世が治っている時代の政治家、もう一つが乱世の時代の政治家であり、その何れの方が優れているというのでなくてこれは分類の上でのそういう二つの型でどの時代にもその時代の政治家が必要になる。もし明治維新を例に取るならば西郷隆盛は乱世型の政治家、大久保利通がもう一方の治世型であって英国で治世型の政治家が何人でも挙げられる中にチャーチルは典型的な乱世型であり、その両次の世界大戦中の功績とこの両大戦の間に来た時期にチャーチルが全く無為だったこと、又第二次世界大戦が終って直ぐに政権の交替があったことでもそれは解る。それと同じ意味で父は明かに乱世型の政治家だった。これは父をチャーチル、或はド・ゴールその他と比較しているのでなくてその何れもが同じ型に属すると言っているのであり、こういう逸材の業績となれば政治も文章の仕事と変らず優劣を定めるのが目的で比較することが意味を失う。

そのことから父がその生涯の大半、或は少くとも前半に亙って時を得なかった理由も解る。何と言っても大正から昭和の初期に掛けての時代は明治維新がその所期の目的を達して動乱の影が遠ざかった状態にあったものでもしこれがそのまま続いたならば父は旨く行って無事に年期を勤め上げて一老外交官でその生涯を終る程度のことに満足しなければならなかったと考えられる。それならば実際の父が不幸な人間だったと見ることは許されなくなって乱世型の政治の大才を抱いた人間に乱世が廻って来た。先ず国の存亡が問われる以上の乱世というものはなくてその際に父が在職していなかったならば日本がどうなっていたかは日本の所謂、知識人が喜びそうな問題である。その在職中に父に対して行われた一般に輿論と呼ばれているものの内容は顧慮する必要がないもので生憎まだ明治以後の日本に政治を左右するに足る輿論というものは存在せず、その代りをしているものが大久保利通や原敬の場合のように父を殺すに至らなかったのはせめてものことだった。或はそこにも父の運が強かったと見る材料がある。

併し乱世型の政治家だったから父もチャーチルの宿命を免れなかった。日本が当時の言葉で言えば独立してからも暫くの間は父は自分にまだ残っている仕事があると思っていたようである。ここで政治評論家風の語調にならなくても今日の日本が直面している問題のうち父が自分で処理する積りでいたものが幾つかあったことは確かであるが情勢がそれを許さなかった。そのことに父がいつ気付いたかというようなことは考えるだけ無駄である。併し治世、乱世と言っても政治の要諦そのものに変りがある訳でなくて父は政治家であり、それまでと違って自分が仕事をする時代が去ったことをやがて知ったことに疑いの余地はない。その時代というようなことよりも自分の仕事が終ったことを知るということが大切である。或る種の人間は死ぬまで仕事をする積りでいて死に顔が真黒に見えるまで書き続けたバルザック、或は百歳になれば少しは絵らしい絵が書けるだろうと思っていた北斎の例を考えるならばこのことのよし悪しは我々の判断が及ぶことでなくなる。併し死ぬまで仕事をすることに我々が頷けるにはその仕事が全く生活の一部をなすに至り、それが例えば昼間の光が夕闇に変るのに気付くことを少しも妨げないまでに精神に馴致されるのでなければならない。

父と漸く親しくなったのがその引退後だったのは父自身の状況と並行して何故かそれと殆ど同時にこっちも自分の仕事に見切りを付けることを知った為だった。それが文章の仕事でも二、三十年これをやっていれば自分がする積りでいたことは大概なし遂げるもので或る時自分にこれからどうしてもしなければならない仕事というものがもうないのを感じた。或る意味では人間はそれを感じる為に仕事をし続けて来るのかも知れない。その瞬間からもしそれまでの仕事が書くことだったのならば時は原稿の枚数の多寡でなくてただ刻々とたって行く。それを原稿の枚数で計ること自体が人間の自然な呼吸とでも言う他ないものからすれば無理なことなのでその呪縛を解かれて精神も伸び伸びする。従ってそれからの方が書く仕事でも仕事らしいものが出来るのかも知れないがそのようなことにまで構ってはいられない。万一もし我々の仕事が死後にまで残るようなことがあるならばこれはその死後に他のものが詮索することである。

兎に角父と付き合うことを妨げるものは既に何もなかった。それには父が引退したということともっと直接に関係がある理由もあったので利権漁りや請願は主に現に要職にあるものに対して行われる。尤も父の場合は最後まで実質的には引退することがなかったとも言えるのでこれが劇務に携っていたものに引退してから起り勝ちな老衰を防いだとも見られるが、その為に請願その他に就て父に対して仲介の労を取ることの引き受け手は既に幾らもいてこっちはその難を免れた。そういう口利きの連中を父は適当にあしらっていたに違いない。それが集っている中に入って行くのは愉快でなかったが父は何と言っても暇な身であってそういう忠勤組とこっちが内心称していたものを外して父と会うのは電話一本で出来ることだった。こうして父とどの位会っただろうか。それで不思議に思い出すのはこっちがまだ仕事というようなことが頭にない子供で父は総領事、或はどこかの日本大使館の何等書記官かで一応は順調にその仕事を進めていた頃のことである。本当に子供にとって親は空気のようなものなのだろうか。これは一般論としてはそうと考えられるが世界地理をこっちに具体的に教えようというので任地を離れてどこか他所の国に旅行する毎にこっちにそこの絵葉書を送ってくれたりしていた父との間にはもっとどういうのか温いものがあった気がする。

　併しそれは後に知った晩年の父と比べられるものでなかった。今でも先ず頭に浮ぶのは一頭の巨大な豚であるが引退してからの父はサンフランシスコ条約当時の骸骨と違って全く豚という他ない太り方をした。これはもともとが太る質だったのに違いなくてその中年の頃は確かに太り気味だった一時期もある。それが先ず戦争中の監獄、次に戦後の劇務で再び太る暇が何年かの間なかったものと見られてその劇務で思い出したのはいつのことだったか父が在職中にどうしても会う必要がある用事が出来てそのことを言ってやった所が或る日取りの午前三時という返事だったことで、その時刻に行って見ると机に向って書きものをしていた父が書くのを止めてこっちの用を聞いてくれた。そういうことがなくなり、又自分が止めた後も日本が寧ろ望むべき方向に進んでいるので安心した父が持ち前の体質を現して太り出したのは頷けることである。その太り方も尋常のものでなくて父が家に食事をしに来る時は父の為に特別の椅子を食堂に用意した。

乱世型の政治家が乱世を望むのではない。殊に父にして見れば戦争で負けた日本がこれから先どうなるか解らない時期に事態の処理に当ってこれが効を奏し、或は天が自分が取った政策に幸して日本が繁栄に向う兆候が既に現れ始めている時に文句を言うことはなくて大磯の二階の居間からの眺めはそのままのものに父の眼に映ったに違いない。我々が行くとそういう顔をして父が奥から現れた。前に篠田一士さんと丸谷才一さんに就てその健啖家であることに触れたが父も大食いだった。併しその点で父は気の毒でもあったので母がいたならばと思うことが時々あった。その母は既にいなくて父の所の料理番はどこかの料理屋が世話するのだったから品数は多くても要するに宴会料理を幾分か家庭的にしたものので大磯に行くのは食べるのが楽みでなのではなかった。併しいつも父が家に来る時には辻留の雛さんに出向いて貰って御馳走して辻留の料理を一品も余さず食べたのは外国人の友達を除いては家の客になったものの中で父一人である。いつだったか父が飯の代りに饂《う》飩《どん》で食事がしたいと言ったのでその次に来た時に雛さんに手打ち饂飩を作って貰って出した所が雛さんが持って来た分を全部平げた。

父はその頃まで恐しく丈夫に見えた。又事実そうだったのに違いなくてそうして何も不自由することがない父を見ていると御馳走しなくても話ででももてなしたくなった。その頃の父が人に与えた感じをどう説明したものかよく解らない。兎に角自分がしたいことを皆してしまった人間というのはいいものである。その安らぎは人にも伝わるものでもし動かし難いということがそういう場合にも言えるものならば父にはその意味で動かし難いものがあった。又それがあって既に隠す必要がない地金が出るということもあり、それが父では凡そ洗練された人間、結局は江戸っ子肌と呼ぶのが一番当っていることになるものだった。又これは理由がないことではない。その死後に至って方々で名乗りを上げる所が出て来て父は越前の人間だったり土佐の人間だったりすることになった。一体に我が国の県人意識というようなものからすればこれは想像出来ることなのだろうが越前というのは吉田の初代、つまりこっちにとっては吉田の祖父が脱藩して廃嫡になる以前に属していた藩であり、土佐はその祖父が吉田姓に改名して父を養子に貰った父の実家の竹内家が土佐の出であることから来ている。何れも吉田家のものの出身地と正式には言えないもので父は生れて直ぐに吉田家に引き取られてから祖母の実家である佐藤家の小梅の家で育った。この佐藤家は佐藤一斎の裔であるからその家か寮が小梅にあったのも理解出来る。又従って祖母は本ものの江戸っ子だった。

江戸っ子という観念自体がどうということもないものであることに就ては石川淳さんの所で既に書いた。併し石川さんに就ても解る通りその観念には江戸の文明の正統を受け継ぐものということも含まれていて名称が何だろうと江戸の文明となればこれが曽て実在して又現にある文明である意味でそれがある所にそれを認める他なくなる。それが文明であるから洗練を指して洗練は羞恥、怠惰、猜疑、酔狂、純真というような面を持ち、それが粋でもある。その粋で思い出したのであるが昔まだ母がいた頃ヨーロッパで客をannoncerするということをする習慣のことで話をしたことがあった。これは客間の入り口に係のものが立っていて客が新たに到着する毎にその名前を聞いてから大声で何々卿とか何某夫人とかいう風に既に来ているものに対して披露するのである。それで母に自分も何々卿と披露される身分になって見たいと言った所が母はこれを一笑に付してそういうことを考えるのは愚の骨頂であり、その何々卿の後でただの吉田さんということで入って行く方がどんなに粋かと言った。その話を大磯の二階で父と飲んでいる時にした際の父の顔付きを今でも覚えている。

父が九十になった年の正月に家のもの達と出掛けて行くと父が余り得意になってそのことを言うので九十、九十とばかりおっしゃると冷やかした。それにしても牧野さんの場合と同様に父も後二、三年はその元気な様子のままで生きていられた筈だという気がする。牧野さんは八十九歳で死んだ。父は前の年に心筋梗塞というのをやってその治療に当った武見博士のお話では今の医学では兎に角回復して後一年の寿命は保証出来るがその一年目が注意を要するということだった。父はその九十になった年にその通りに発作があってから一年目に死んだのであるからその正月は回復してから間もない頃ということになる。併しその心筋梗塞というのが余計だった気がするので少し甘やかし過ぎると思う位廻りのものが父のことに気を配っていた時に何故そういう発作を起すことになったか不思議である。これは激昂したりした際に心臓が呈する症状である。併し九十近くなって怒り心頭に発するというような激情に見舞われるのも父が丈夫だった証拠かも知れない。

そして人間が死んでからもし何かがどうかしていたならばと考えるのは愚痴に過ぎない。それよりもこれは必ずしも愚痴でなくて残念に思うのはもっと父をこっちの他の友達に引き合せて置けなかったことである。これは出来ないことでもなかったのであるが同じ考えのものが多勢いたようでそうなればその中にこっちの友達を引っ張って割り込んで行くことは粋の観念が許さない。それで父が家に来た時ということも頭にあって何れはと思っているうちにその心筋梗塞のことがあって家に来て貰うことも断念しなければならなくなった。父は若い人間に興味を持ってその息が掛っている範囲では例えば任官したばかりの外交官というようなものをよく集めていたらしい。併しこれは言わば込みで行われることでこの交遊録で書いて来たような人達ならば父は会って喜んだ筈であり、その中で河上さんとは事実前から親交があった。併し河上さんも割り込むのが嫌いな方で晩年の父はその廻りに蝟集する人間の為に確かに損をしていた。これを大磯参りと呼んだのか大磯詣でだったのか、どっちにしても下らないことを考えたものである。

併しそうした制約がなくて例えば雛さんとか観世さんとか、或は篠田さんでも丸谷さんでも又出来ればその全部が集っている所に父が顔を出すというようなことがあったらば父は喜んだだろうと思う。その時に舵を取ることをお願いするのはやはり河上さんであることになっただろうか。併しその席に石川さんでも福原さんでもその他誰でもここで書いて来た人達ならば出て来ていて父が味気ない思いをしたということは考えられない。父は座談の名手で又人の話を聞くのが好きだった。その相手が石川さんだったならば父は随喜したに違いない。その昔、父が在職中で世情騒然、父が不人気の絶頂にあった時に河上さんが官邸に父を訪ねて行って一緒に飲みながら大丈夫、大丈夫、共産党からは私がお前を守ってやると言って父の頭を撫でた所が父は相好を崩したそうである。父が政治家だったのはそれが日本、或は明治以後の日本でだった限りでは不幸なことだった。それは会わなければならない人間が多過ぎて人間らしい付き合いが出来ないからで政治家でもその種の人間であることよりも肩書の方が先に来る類と顔を合せているだけで気がすむ質ならば自分も自分の肩書を押し立てて満足していられるのだろうが父は文明の人間だった。こっちが父の、これは父の口利きで借金をして家を建てている時に家は木口がよくなければと父が言ったことがある。それは父にとって人間にも通用することだったので一つだけ今ここで終る交遊録に就て言えることはここに出て来るのが皆木口がいい家のような人達ばかりだということである。こっちのことは知らない。

II 大磯清談

吉田茂
吉田健一

日本的人種

大磯から東京へ

子　オヤジとの対談となると、やはり、ちょっとテレるな。

父　フム。

（こちらもいささかテレ気味かと見れば、決して、そうじゃない。ただし、ふくみ笑いが思わず崩れる）

子　今でも、時々は東京に出かけられるんでしょう。ご感想いかが？

父　ゆくことは行くがね。すぐ帰ってきてしまうんだ。あまり、感想って、ないな。

子　電車で行かれることもあるって聞きましたが……。

父　そう。汽車の方がラクだね。自動車は動揺が激しいからな。かえって、疲れてしまうな。

子　街や、汽車の中で話しかけられるというようなことは？

父　車内じゃあまりないナ。東京じゃあ、時どきやられるよ。「あのう、吉田さんじゃないですか」なんてね。もう一ぺん総理になって下さい、なんてんだよ。
子　そこで、サインなんてんじゃないですか。
父　ウン、そばに寄ってきて、話しかけてくる。
子　そんなとき、やはり話し相手になるの？
父　そりゃあなるさ、わたしは政治家だからね。(笑)
子　そういえば、まだ政治家でしたね。ボクは、時どき忘れてしまうんだが……じゃあ、国会にも行かれるんでしょう。勤めだものな。
父　ゆかない。
子　えっ、行かない？　ゆかなくともいいんですか。ボクらの学生時代みたいに、出席率が悪いといってクビになったりしない？(笑)
父　クビにしても、しょうがないのじゃないか。
子　しかし、国会というところは不思議なところですね。変な空気がこう、ムーンとしていてね。この間久しぶりに、のぞいてみたんだけど、みんな「早く乱闘しないかなあ」と待っている。おとなしいのが、かえってオカシイといった顔ですね。
父　乱闘すると、必ず新聞が書いてくれる……。(笑)

子　この間も、だれか卒倒したりしましたね。相変わらずだな。その後も、また小ぜり合いなどあったし……のぼせるのですかね？　あそこで演説なさると、やはり変な気持になる？

父　変なことというなよ。毎日、変な気持じゃ続かないよ。

子　前にもね。一度、参議院にいったことがあります。たしか、外務大臣をしていらした。外務省、こんど変りましたね。居候をやめて、もとのファイナンス・ビルですか。もっとも、また大蔵省が家主かな。変ってから、おいでになりましたか。

父　ウン、ゆかない。

子　こんどはね、大臣室も、日産館時代から見ると二、三倍の広さだそうです。立派にはなったんでしょうが、一国の外務省ですからね。大蔵省と同居というのか、居候というのか、やはり独立して、別に建てたらいいんじゃないですか？

父　わたしが外務大臣だったら、その外務省庁舎の予算をとるのはどうかね。賠償の問題もあるし、いろいろほかにも大切なことがあるのじゃないかな。そりゃ、建物の立派さの問題だけじゃないよ。ほんとうにだ。

日本女性優位論

父　いま、汽車の話が出たけども、汽車の中は全く汚いな。お行儀の悪い方たちが、まだ、たくさんおるようだな。お弁当を、ところかまわず食べる。ミカンを食べる。そして、またバナナを食べる。足で踏みつけると、ひっくり返る皮を、そのあたりへ遠慮なしに放り出しておく。一方じゃあ、きたない話だが、ゲー、ゲーやる連中もいる。ああいうのを、どうして鉄道では取締ろうとしないのかな。

子　鉄道公安官というのでしょう。しかし、あれは、もっぱら強盗殺人用じゃないのかな。お客さまのお行儀の点までは、そこまでは、手が回らんのでしょうよ。

父　そうかも知らんが、とにかく、お行儀が悪い。大変に不作法だよ。弁当の箱をおっ放り出したり、他人の脛を、あいさつもなしにまたいでいったりするのもいる。あきれたもんだな。ひる間は、まだいい方だが、夜汽車なんか、ヒドイ。どうして、ああも不作法なのかね。

子　そりゃ、遠くから来る汽車だからですよ。

父　いや、それが、東京駅発なんだよ。東京から乗っての話なんだ。いま、集団強盗って言葉があるようだが、東京駅から発車するなり、もう集団弁当なんだな。臭気ふんぷん、たまったもんじゃない。

子 服装などは、すっかりよくなったんですがね。そういう点は、まだ立直ってはいないんですね。

父 それは、戦争直後よりはよくなったろう。だが、世界、どこの国にいっても、あんなに弁当を食い散らかしたり、バナナやミカンの皮を、バラまく風習があるかね。いわんや、お酒をラッパ飲みしたり、あげくの果ては大きな声で歌をうたう。近所迷惑なぞ、考えてみもしない。どこの国にいっても、あんなのはないな。

子 それはね、日本の昔からのしきたりともいえるんですよ。湘南電車の方は、まだいいでしょう。（健一氏、しばらくは〝日本的人種〟がわにも弁護気味である）

父 それから街だ。たとえば、東京では皇居前だな。日によると、ずいぶんと新聞紙などが散乱して、ひどいときがあったよ。この辺でも、夏となると同じだ。遊びに来た連中が、やはり弁当を食い散らかし、包み紙も何もかも捨っ放しで帰るんだ。邸を貸してくれというから、気持よく開放してやると、これがまた同じだ。弁当を食って、紙屑の山を作って、ハイ、さようなら。「有難う」もいわずに帰る連中もいる（笑）。こういうと、皆が皆のようにきこえるかも知れぬが、ただしだ、ボーイ・スカウトの連中は違うよ。これはキチンとしたもので、いつも感心している。偉いもんだと思う。それから女学校の生徒たちだな。キチンと後片づけをして、チャンと礼をいって引上げる。やはり、シツケかね。

子　散らかしっ放しということ、まあ、戦後の現象なのでしょう。

父　ウン、近ごろ、学校やら何やら、いろいろと出ることが多いらしいから、それで眼につくのかな……。

子　しかし、そういう現象の中にですよ。ボーイ・スカウトや女学生など、お行儀よく、秩序正しいものを持っているというのは、心楽しいことですね。日本人、みんながダメだなんてんじゃあ……。

父　日本じゃあ、男より女の方が上等なのじゃないのか。（笑）

子　ホントにそう思っているのですか。（笑）

父　日本の女はエライぞ。

子　そうかなあ。

父　そうなんだよ。わたしの知っている人たちの中でも、女房のお尻にしかれているご亭主が大分いる。近ごろ、とくに多くなってきたようだ。（笑）

和服流行時代

子　あなたは、あまり人に会いたがらないが、会いたい人というと、やはり女の人、そういうことになりますか。

父　女の人？　あまり知らないな。ガール・フレンドなんて、一人もいないからな。(笑)

子　銀座あたりの女性はどう？

父　銀座か、第一、歩かないよ。歩いちゃね、ひき殺されてしまうのがオチだろう。

子　そうですね。あそこは、まあ銀座だけじゃないけど、大変な自動車のはんらん時代ですね。銀座などは、自動車に乗るより、歩いた方が早いという説もある。ええッと、女の話だったな。女の人が議論しに来たときなど、やはり、さっきのお話のように、男よりいいですか。

父　来もしないよ。

子　わたしは、議論をするときは、男の方が思いやりがあっていいと思うな。どうも、女は、日本の場合はね……。イギリスなどへ行くと、女の人も、男と同じくらいに教養があって、実に面白いんだ。

父　女の人の話は、もういいよ。（笑）

子　田付さん（註＝外務省勤務、パリ名誉市民）と、ラジオでお話しされましたね。あれは？

父　やったことはやったね。しかし、わたしは聞いてないんだ。自分の声をきいてもしょうがないからね。しかし、やはり、いろいろと手紙がきたな。久しぶりに声をきいて、とてもうれしかったとか、何とかね。中には、「よく生きてたな」（笑）なんてのもあった。

子　要するにファン・レターだな。怒って寄こすのもいるでしょう。

父　怒ってくる？　ウン、ないこともないようだな。（笑）

子　まあ、女の話はこれくらいにしましょうか、きょうはね。（笑）

父　自動車の混雑だな。日本も殖えているが、よそも大変らしいな。イタリアなぞも、ずいぶんと殖えている。

子　イタリアというと……。

父　ローマさ。

子　その車、みんなアメリカ製というんじゃないですか？　どこかの国みたいにね。

父　それが違うんだ。

子　イタリア製の自動車など、いまの日本に入ってますか？

父　相当に入っているそうだよ。ランシァやファイアットなんていうのだが。東京のイタリア大使館なぞ、チャンと自分の国で作った自動車を使っている。やはり、どこかの国とは違うのかな。（笑）

子　この点は一致したかな（笑）。それでは話題を変えまして、服装のことです。また、女のことで、恐縮なんだが、最近の様子、ごらんになってどう？　いろいろなのが街にハンランしてるのですがね。

父　洋服の方かい？

子　まあ、そうですね。今のところ、ほとんど洋服のようですが、最近は和服も非常に目立つようになった。白っぽい羽織や、帯がすけて見える羽織などもあるな。

父　ウーン、わたしは、そりゃあまり知らないよ（笑）。そうだな。男も女も、乗物の場合、汽車などだな、そりゃ洋服の方がよかろうよ。

子　家庭にいる時は、日本の場合ですよ、これは和服の方がいい。しかし、和服というのは高い……。

父　そうかい。

子　大変なものですよ。ツムギですが、一枚で二十万円もするのがある。全然手も出ないな、ああいうのは。

（健一氏、オヤジの、例によってスキのない和服姿をジロリと見やる。キチンとハカマをつけた父と、これまた、例によって、黒セビロの長身、ジミな息子の対照である）

父　しかし、和服は、結局は永持ちするものだ。

子　ボクとしましては、安いものならなんでもいいから、というのなら作れるのですが……。

父　オヤジが死ねば、そちらに回るぜ。（笑）

子　えッ、そんなに、たくさんある？　しかし、早く死ねとはいえないが。（笑）

父　そりゃ、まあ、そのくらいのものはあるさ。（ニコリ、ごきげんである）

子　フーン。それは楽しみだな。しかし、相続税ってのがあるし、新民法によると、いろいろとムズカシイものらしいからな。とくに税金は高いらしいね。

父　（速記者に向って）キミ、オヤジに一服盛れなんて、書いたりしちゃイカンよ。

（健一氏、眼を細めて笑いこける。オヤジ、また息子に大きく笑いかける）

好きな画家・きらいな画家

子　東京に行かれる時のご用は？　大体、何が多いです。

父　そうだな。まあ、追悼会なんてのが多いな。
子　芝居や、相撲などは？
父　ちっともゆかん。
子　芝居に行かれないのは、知っていた好きな役者が死んじゃったからじゃないですか。
父　ああいう集まりには、なるべくゆかんようにしている。ユスられると困るからな……。
子　ユスられる？
父　子供にユスられるからな。(笑)
子　わたしじゃないでしょう？　わたしは、健介(長男)の望遠鏡をたった一つ、おねだりしただけだからな。
父　ヤァ、ごめん。まあ、そんな顔してるからさ。(笑)
子　よそできいたのですが、この間、前になくなられた安井曽太郎画伯の遺作展に行かれたそうですね。安井曽太郎さんは、お好きだったのですか？
父　最近のフランス流の、ああいうのはキライなんだけどね。
子　安井さんは別なのですか。
父　いいと思うんだが、よくわからない。和子(註＝令嬢、麻生多賀吉氏夫人)が、見にゆくから一緒に行かないかといってきたんだ。あまり感銘はなかったな。

子　じゃあ、日本画の方は？
父　わからない。
子　そうかな。大観は？
父　ありゃキライだ。
（断乎たるものである）
子　どんな人が好きなんです？
父　あんまり、余計なことというなよ。（笑）
子　でも、方々から持ってきてくれるのではないんですか？
父　なあに、チャーンと現金で支払っているさ。
子　チャーチルさんに、なんか画を送るという話をききましたが……。
父　富士山の画だ。安田靫彦さんに描いてもらったものだ。
子　そのいきさつは？
父　この前の外遊のときだ。ロンドンでチャーチルさんに会った。チャーチルさんのお母さんは、日本にいたことがあるんだね。日本ビイキで、日本をとても懐しがっていたらしい。飯を食べながら、チャーチルがそういうんだ。それでは、何か日本の風景を、と、そう思ってね、帰ってきたのだが、まあ、日本の代表的なものと思って考えたんだ。富士山だな。この近くに、安田靫彦さんがいて、この人とは懇意だ。さっそく頼んだら、「富士山は、大観画伯の専売特許だから」というんだな。

子　やっぱり、それはそうだな。

父　しかし、わたしは大観はキライだよ。前にもいったが……。そこで、安田さんにいったのだが、安田さんも、「富士は大観さんの専門だから」といって初めは断られた。そこを無理してわたしは、安田さんにおねがいするんだといったんだ。ホントに無理をいってね。とうとう引き受けていただいた。それで安田さんは大観と違う富士の感じを出すので、苦心されたらしい。見てくれ。これがそうだよ。

（壁にかけた安田画伯の富士山の画は、大観画伯のそれと全く違って、山頂がとがった、あわい、筆の冴えである。麓の方は金色の雲でぼかされ、全体が金と漆の額縁に納まっているのが、洋館の壁に掛けてもおかしくない効果である）

子　なかなかいいですね。

父　だろう。ほんとに無理をいって描いてもらった。きょう、出来てきたばかりさ。さっそく荷作りしてね、送るよ。船会社の話じゃ、五月一日に船出だそうだ。喜んでもらえるだろうと、せっかく期待している。

子　この間も、キミのオヤジはチャーチルに似てるといわれた。長く政権をとっていたというつながりが、似てるというのでしょうね。結構な贈物だ。

きょうは、このくらいにしておきましょうか。一向、お疲れでもなさそうだが。また、来週、もっと面白い話題でおねがいしましょう。

父　では、こんどは、少しチクリとゆくか。大変に愉快だった。

穴のあいた白タビ

ふるさとの酒

子　相変らず、葉巻ですね。

（健一氏はテーブルの上のケースから、一本つまみ上げて、口にした。吉田さんは、最初から口にくわえている。健康な笑顔と、丸っこい葉巻と、かつての日とは、また違った印象である）

この間ね。林さん（註＝作家、林房雄氏）にお会いしたら、大変喜んでいらした。あの時、いただいた葉巻の箱をあけたら、カビが生えていたというんです。しかし、カビが生えていた、というわけにはゆかないなあって……それで、お礼の手紙が出しにくいんだそうです。だから、カビが生えた葉巻もオツなものにて候、ってやったらいかがですと申したんですよ。

註　去る四月九日、大磯の吉田邸に獅子文六、林房雄、河盛好蔵、小林秀雄、河上徹太

郎、今日出海の六氏が招かれ、健一氏ともども京都の老舗、「辻留」の現主人、辻嘉一氏の懐石料理で歓談したが、その時、吉田さんは、それぞれ七氏に葉巻一箱を贈った。そのときの葉巻のことである。

父　そうだったかな。もっとも、カビが生えてたから、やったので、カビてなかったら、わたしがのんでいたさ。（笑）

子　カナワンなあ。しかし、河上さんなんかはね、最後の一本まで吸っちゃってしまってから、どうも落着かないってやってきたんです（笑）。いま、一日に何本くらいお吸いになります？

父　原則として三本。ただし例外ありだな。

子　晩酌のあとの一本。あれはウマイ。ところで、お見受けしたところ、非常にお元気のようですね。政治に直接タッチされていたころからみますと……。

父　そりゃ違うさ。

子　食欲なども？

父　もちろん、いまの方がありますよ。

子　けっこうですね。それでは、お酒の方は？　やはり、もと通りにウイスキー？

父　ウイスキーの方が強いからな。日本酒の方は少し弱くなった。

子　日本酒の方が弱いなら、一升ぐらいお呑みになればいい（笑）。どのくらいお呑みになったかな。一番呑んだときは？

父　そんなこと、はかったことなどないさ。

子　ボク、新潟から山形の方に旅行しますがね。あちらの方からお送りしましょうか。

父　間に合ってるよ。

（ご用聞みたいなこというなよ、といわんばかり。葉巻が、ちょっとソッポを向いた）

子　しかし、あちらのは、灘や広島ともくらべものになるからな。ウマイお酒が出来るんですよ。

父　日本海の方は、酒もウマイらしいな。

子　土佐はどうです？　これは太平洋だ。

（いよいよお国の話である）

父　土佐には、何といったかな。いい酒があったが。

子　司牡丹でしょう、きっと。ちょっと辛口だが。

父　ウン、そうだ。あれはいい。日本酒の中でも、いいうちの一つだろう。辛口だったな。

子　それで、思い出したが、土佐からは、一度話をしにきてくれといってきてるんです。これは、うれしいんだがな、あそこは、誰でも人を招くと、へベレケになるまで呑ませな

きゃ帰さないそうですね。そういう風習というのは、いいものだけれど、迷惑でもあるな。（笑）

（健一氏の笑顔が、舌鼓打ちそうになる）

父　そりゃ、昔のことだろう。いまはどうかな。

子　なんという家だったかな。高知に、あなたのお好きな宿屋があって、そこへ泊めてくれていくらでも酒を呑ますというんだ。だから、話をしにこいという。

父　そりゃ呑ますだろう。オヤジに払わすんだから。（笑）

子　手紙じゃ、その宿屋の看板、あなたが書いたんだっていってますよ。

父　それは、覚えちゃいない。だが、高知にゆけば、そこよりほかにはゆかないんだ。

子　こんど小選挙区制になると、あの辺もウルサイんでしょうね。あなたの場合などはどう？

父　面倒くさくなればやめるだけだよ（笑）。高知の選挙区はね、あそこは先祖代々やってきているところだよ、わたしのところは……そもそも第一回から、オヤジが一、二回出たし、そのあとは義兄が出てズーッとつづいている。

子　それじゃ、小選挙区制になったら一番強いということになるか。ときに林譲治さん、あの人は、あなたの何に当るんです？

父　また従弟だろう。

註　吉田さんは、幕末から明治維新に活躍した著名な勤王家、土佐藩士竹内綱の実子。のち、吉田家を継いだ。林譲治氏はまた、同じく土佐藩の志士林有造の次男。竹内綱、林有造両氏は従弟にあたる。

子　あまり似てないようじゃないかな。

父　そうさ。これは、お互いさま有難いことだ。（笑）

ロンドンの夕食

子　この間、こんなことを聞きましたよ。東京の三区かな。そこに住んでいる人が、あなたの在野当時に一度お会いしたんですね。そしたら、すっかり、あなたのファンになってしまって、選挙のたんびに、あなたの党の人に入れてきたんだそうです。和尚さん（註＝広川弘禅氏）というんですか、あの人でしたね。ところが、その後、ああいうことになったら、トタンに反和尚の側に回ってしまった。回りの人たちは事情を知らなかったので、あまりの豹変ぶりにビックリしたというんです。和尚さん個人にホレてたと思っていたのですね。こんな人、あなたの選挙区に連れてゆきたいな。

父　坊主をダマスとね、三代たたられるというんだが、坊主がダマスと、坊主は何代たたられるものかな。（笑）

子　坊主憎けりゃ袈裟まで、っていうけれど、どんなものかな。大変だぞ、これは……。（笑）

（ご両人とも、しかし一向に憎いような表情ではない。笑いをまじえての静かな応酬である）

あなたは、大変なオシャレということになってますが……。

父　ご存知の通り。（笑）

子　こんどアメリカでね、アイゼンハウワー大統領夫人や、アチラのご婦人たちが、日本大使館の庭園で、慈善パーティを開くんです。「日本の一日」というんだそうで、そこに世界の名士の愛用品を飾って競売にしてね、救世軍にやるらしいんだが、あなたのところにも何かいってきてるでしょう。チャーチルさんのパイプ、チェンバレンのコーモリ傘、なども出るらしいが、どう、白タビなんかは？

（ムスコの皮肉である。ニヤニヤしている）

父　穴のあいたヤツならあるはずだな。（笑）

（と、一向、ご機嫌は変っていない）

子　オシャレなのは、やはりイギリスにおられたからでしょ。それでウルサイのだな。

父　いつだったかな。わたしの着ていた洋服が汚ないといって、選挙区の人だがね、作ってやるというんだ。そこで、こう、いったんだ。「わたしの着ているのは、こう見えても金がかかっているんだ。古いから汚なく見えるかも知れないけれども、これはロンドンで作ったんだ、昔だけれど。大体、わたしは、ロンドンで作ったものしか着ないんだ」とね。そうしたら、いくら何でも、ロンドンまで頼むんでは、ということになって、わたしも、その人も助かった(笑)。終戦後、何年目だったかな。たしかに、洋服もヨレヨレになっていたんだよ。だが選挙区の人というのは、全く親切なものだな。

子　ひとつには、いい服は地味だから、汚なく見えるのじゃないかな。

父　ロンドンの洋服屋はね、一年か二年着て、あとは捨ててしまうということを建前にしていたんだ。五年も、六年も着るということなぞ、当時は考えてもいなかった。もっとも、いまはどうなっているか知らんが……。

子　ホオウ、ボクなぞは、十年から着てますがね。こりゃ、ダメなのかな(笑)。どんな色合いがお好き？　ロンドンでは、やはりサヴィル・ローというあたりで作ったヤツですか。

父　別段、これということはないよ。

子　靴は？

父　近ごろは、もちろん和製ばかりだけれども、なかなかいいものが出来るようだね。わたしのは神戸で作っている。
子　ロンドンというと、日本ではなにか暗い街のように想像しているけれど、いい街だな。
父　そう、五月、六月はいいな。
子　それから、秋もいい。冬は、ちょっと違う。
（吉田さんの顔が上って、ちょっと回想的となる）
父　いまが一番いいよ。季節もいいし、それに大分為替が回復したから円もよくなったろう。ポンドがむしろ悪いだろう。
子　ポンドは悪くなりますよ。
父　日本の外貨がどれくらいあるかな。十五、六億あるだろう。イギリスも二十一億ドルくらいだから、わずかの違いさ。だから、どうしても日本の円が強くなる。
子　物価はイギリスの方が安いでしょう。イギリスでは二千円、つまり二ポンドあれば相当使えますよ。ジョニー・ウォーカーなんか、日本よりはずっと安く呑める。大体、ロンドンは乾燥しているからな。ウイスキーの味もウマイし、量も、日本よりは二倍も余計呑める。（健一氏、ふたたび〝酒中の人〟のような顔と相成る）だが、日本じゃ、二千円では一時間しか持たんな。

父　ロンドンの夕食は、一ポンドくらいだろう。
子　一流のホテルで、一晩の泊り賃が一ポンドくらいでしょう。東京じゃ、千五百円出してもロクなところに泊れない。千円では、どういうことになるかな。税務署のお役人なんか、日本の税率は、イギリスより低いんだなんて自慢してますが、それはそうかも知れんけれども、物価がこうなんだ。表面だけで、実際の暮しはツライというわけですよ。一ポンドと千円じゃあ、一ポンドの方が、はるかに購買力があるんだから。

（コト、税金のこととなれば、健一氏の舌鋒もようやく鋭く、われわれ庶民の、怒りと不満をサラケ出す。政治家たるオヤジ、もってイカンとなす、というわけではないのだろうけれども）

一ポンドと一万円

父　議会政治がある間は安くならないよ。（笑）
子　パパは、税金の方は、自分でやっているんですか。
父　そうさ。

（追撃もサクリとかわして、笑顔である）

子　こっちは計理士に頼んでますがねえ。あなたは、いちいち、ご自分でねえ。

父　そりゃ、いちいち精密に検査をする。余計とられないように……。(笑)

子　こっちは、二千円、千八百円というふうなんだ。コマ切れだからなあ。

（しばしは、憮然たる面持、税金なるかな、である）

それはそうと、学校は学習院に入られたのでしたねえ、たしか。あそこは、華族とか、なんとか制限があったと思うんだけど……。

父　病気で一年休んでから、九月に入ったのだったかな。

子　よく入れましたね。誰でもというワケじゃなかったのでしょう？

父　よく覚えちゃいないがね。募集の広告を見て入ったのは間違いないと思う。

子　いい時代でしたね。学習院で思い出しましたが、皇太子のことを書いた小説家がいましてね。これが今年学習院を卒業した人で、一躍有名になってしまったのです。これをまた、映画会社が躍起となって奪合いをして、製作するという騒ぎです。それだけに皇太子が人気があるともいえましょうが、かけ出しの、わけのわからぬ作家だとすると、どうかな、これは？　皇太子には、時どきお会いになります？

父　いや、めったにお会いしない。

子　学校を出て、初任給はいくらでした？　安かったんでしょうね？

父　五十円だったと思うがね。それで家賃が三円五十銭、そんなものだったろう。

子　いつごろ？

父　明治二十年ごろだ。

子　家賃が三円五十銭の時に、初任給が五十円ねえ。

（健一氏、このところ、フーンといった表情が大分つづいている）

父　高等官の初任給が五十円だったんだ？

子　パパ、金の心配は全然なかったのでしょう？

父　そうでもないさ。

子　でも、そのころとしては金持だったんでしょう。

父　いま学校を出ると、どうなのかな。

子　いいところで一万円前後でしょうか。わたしの聞いているところでは、そんなものだな。いまの家賃を考えてみると、とても違いますね。あなたの時代だと、百円というと大変なものだったわけだ。

父　それは大変なものだ。

子　ボクが、百円札というものを初めてみたのは一番初めに一人でイギリスにゆく時に、あなたからいただいたんです。いまでも覚えてますが、百円札が十枚あった。昭和六年でした。あのころは、百円札なぞ、ふだんは使いませんでしたものね。

父　………。

（吉田さんは、健一氏の追想を黙ってきいている）

子　お疲れでしょう？

父　疲れてはいないよ。（笑）

子　その百円札ですが、こんどは一万円札が出るそうじゃないですか。大へんな変りようだと思うな。これ、あなたのころから話があったんだ、とききましたけれど……。

父　そう、話はあったようだな。しかし、インフレになる心配があるというので、とり止めになったのじゃなかったか。

子　というと、もう出してもインフレにはならない、というのですか。しかしね、ボクは、あってもいいと思うんです。五万円を千円で持ったとしますね。ずいぶんと厚ぼたくて大変なのですけど、その割に使いでがない。

父　五万円ナンテ、持たなければいいじゃないか（笑）。そうだろう。

子　………。

（こんどは、健一氏が呆然たる形である）

父　一万円というと、十ポンドになるか。

子　いま、イギリスで十ポンドというと、これは大変なお金ですよ。日本の一万円と比べものには、全くなりません。いつか、イギリスに行ったときね、BBCから十ギニー（註＝十ギニーは十ポンド十シリング）もらったときはずいぶん使いでがありましたよ。

父　まあ、そうだな。日本じゃ、千円札ぐらいが身分相応じゃないのか。

子　ただ、旅行するときなど、ちょっと大変なときがあるのですよ。

父　大名旅行はよせよ。（笑）

ジャーナリズム瞥見

バラと徳川夢声

子　サテ、こんどは何から始めましょう。バラにしようかな、お丈夫なのも、一つには、そのおかげというわけでしょうから……。

（吉田さんの大磯邸には二つのバラの花壇がある。合せて約二百坪。ここに、約百種ほどのバラが、前総理の丹精をこめて育てられている）

父　今年の出来はどうかな。つぼみもふくらんだし、もうそろそろというところだ。

子　東京の方は一体におそいのだが、この辺りは早いはずですね。

父　そりゃそうだろう、まあ、帰りには見て行ってもらうか。

（吉田さん、満更でもない、という面持である）

子　ところで、色々と他人にきかれるんだが、あなたのウデ前は一体どの程度なの？

父　（笑って）去年の夏だった。こんなことがあったな。例の徳川夢声さんが、録音対談をしにきたんだ。夢声さんは、わたしにバラの話をさせようと、大分調べてきたらしい。それは、勢いこんでいたからね。それで、わたしがいきなり、「バラは全然知らない」っていってやったら、困り抜いた顔をしていた。

（いたずらっぽく、面白がっている）

子　でも、日本バラ会の会長さんなんでしょう、あなたは。

父　浅田君（註＝日本バラ会の理事長、浅田泰輔氏のこと）が、この前やってきて、もう任期がきましたといっていたよ。それでも、会長やったおかげで、バラがふえたし、楽しめる。やはり、いい花だ。

子　手入れくらいは、ご自分でなさるんでしょう。

父　そりゃ虫くらいは取るさ。大体ここは虫が多いんだ。それでも去年は誘蛾燈をつけたせいか、ずいぶん少なくなった。ところが、この誘蛾燈だが、バラの虫には効かないという人もいる。しかし、これをつけておくと、夜の眺めがとてもいいんでね。

子　専門家の話では、ここのバラ、なかなか良く出来ているといっています。

父　砂地は作りやすいんだな。

子　ごけんそんでしょう。

（顔見合せて、くすぐったそうに笑っている）

父　だが、その専門家という人達だがね、わたしのところにくる人達なども、一人一人意見が違うんだな。聞いているわたしとしては、どっちが正しいのか、わからなくなってしまうんだ。例えば、夏の剪定にしても、やれという人がいるかと思うと、やるなという人もいる。こういうのは、どこの世界でも同じことなんだな。（笑）

（とはいうものの、吉田さんのバラ作りは相当なものだという。花期ともなれば、食堂から居間から、すべてが立派なバラで埋められ、飾られる。毎年の夏、箱根に避暑に行けば、毎日、大磯のバラが書生の手で届けられるという、熱の入れ方である）

子　バラには一本一本、歴史があるときいてますが……。

父　そうらしいな。わたしもよくは知らないが、そういうことを一目瞭然にわからせるために、イギリスのキュー・ガーデンほどでなくとも、本格的な試作場がほしいものだね。

子　茅ケ崎や埼玉にあるそうじゃないですか。

父　あることはあるが、小さいものなんだ。もっと本格的なものが、日本にもあっていい。そうだな、鳩山もバラは好きなそうだから、鳩山に頼めばいいか。（笑）

子　ところで、あなたはどんなバラがお好き？

父　香りの強いのがいいな。イギリスにいたころの印象だと、バラというのは、匂いの強いものと思っていたんだが、日本のはサッパリ匂いがない。一体、日本では雨が多いからね。この湿度のせいで、どの花も匂いがなくなるのだろうな。大磯の気候も、この点では同じようだ。もっとも、最近では、大分改良されてきてはいるが……。

子　色では？

父　白バラ。だが、これもいいものは少ない。

子　バラ作りは、健康にもいい。せいぜい良いものを作って、ボクらにも見せて下さい。

父　わたしのところへくる人には、もう政治はいい、バラの勉強をするといってやる。バラ会の会長になって、それも辞めてしまってから、さあ、勉強というのはオカシイかね。（笑）

子　バラの栽培はね、営利的にもいいそうですよ。

父　じゃ、バラ屋になって、一もうけしてやるかな。（笑）

（およそ、この人にふさわしくない発言、健一氏、大いに愉快そうに笑う）

日本の雑誌は読まない

子　バラを作って、本を読んで……いま、どんな本を読んでいらっしゃる？

父　新聞と雑誌くらいなものだ。新聞といえば、日本の新聞は部数が多いらしいな。

子　何十万、何百万という……。

父　それぞれ、機密事項らしいが、それにしても多いようだ。外国の方は、それからみると、少ない。

子　少ないですね。ロンドン・タイムスがせいぜい二十万くらい、ニューヨーク・タイムスなどでも五十万くらいでしょうか。しかし、大衆的なデーリー・ミラーやデーリー・メールなどは大分多い。

父　西洋じゃね、権威のあるものは発行部数が少ない、そうなっているんだ。フランスあたりになると、もっと少ないだろう。

子　文藝春秋の編集長がね、イギリスに行ったときの話だというのです。何部くらい出しているかって、あちらのジャーナリスト関係の人からきかれたのですね。それで、六十万は出しているって返事をすると、ソレ、ホントかって、軽蔑された。「そんなんでは、お前の雑誌は、ロクなものじゃないだろう……」ッて。全く意外な反応だったので、おどろいたというのですよ。

父　そういうことも、あちらではあるだろう。日本と西洋じゃ、その点は全く違う。

子　西洋の新聞というのは、広告料を大分たくさん取っているんじゃないですか。

父　違う。タイムスなどは、広告料なぞ、ほとんど取っちゃいないはずだ。

子　そうすると、財産がある、というわけですか。

父　それも違うな、寄附があるんだよ。

子　それでやっているのか……。本にしても、日本じゃ違うな。まず、五千は刷らなきゃならないし……大体、日本の本の値段は、あまり上っちゃいないんだ。ほかの物価に比べますとね。ほかは千倍くらいになっているものもあるのに、本は、まあ百倍だな。戦争前には、日本の本は大体、一円五十銭くらいだったと思うんだけど、いま、それが百円ちょっとぐらい、百倍なんだ。一冊千円というのは、日本じゃ大変だ。

（評論家吉田健一氏の顔が出る、といったところか――）

父　戦争前は、五フランという本は相当いい本だった。大体のところは、三フラン五〇くらいだろうね。

子　わたしたちの買っていたのは、一フラン五〇くらいだったな。

父　新聞は一体いくらなのだ。

子　東京新聞は、朝刊と夕刊とで月三百円。

父　ヒドイこと書いたら、名誉毀損で損害賠償がとれるな、それでは……。（笑）

子　いや、それはあまり無いらしいですよ。日本ばかりじゃなく、世界でもそうらしいんだ。

父　それ、しかし、やった方がいいね。

子　オナー・トレーシーといったかな、オブザーバーの女の特派員に会ったことを覚えていない？　これが帰ってから、自分の言葉を違って書いたと訴えて勝った。これは、空前のことですよ。外国の新聞といえば、やはりタイムスなど？

父　まあ、そうだな、広告までは読まないけれど……。（笑）

子　二、三十ページあるかな。

父　十五、六ページだろう。そうでもないかな。

子　雑誌は？

父　エコノミスト以外は、あまり読まない。

子　日本の雑誌はお読みにならない？

父　読まない。くれれば読むかも知れないが、誰もくれはしないから（笑）。それに、キミは商売だから読むだろうけれど、ボクらは読む商売じゃないしね。

子　中央公論とか、文藝春秋とかは来ているはずですがね。

父　いや、買わないもの。

子　読まないうちに捨ててしまうんじゃないかな。文藝春秋は前にとってらした。ボクが、代金を届けたのを覚えている。アメリカの雑誌は、ごらんになっていますか。

父　見ない。アメリカの雑誌はページ数が多い。開けるだけでもウルサイな（笑）。それでも、送るだけは送ってよこすな。ライフ、それからポスト。
子　ほかの本はいかがです？　この前、外遊されたときね、ワシントンでは本屋をのぞいていられた、ときいてますが……。
父　読む意志はあるのだがね、なかなか読めない。
子　意志はあるんですね。
父　それはあるんだ。
子　いまでもお客が多すぎるのじゃないかな。それにしても、こちらは商売だから読んでいますがね。あなたの場合、専門書があるんじゃないのですか、外国の本とか。そりゃ、それを読むのが御商売じゃないでしょうが……。
父　タイムスなんかを読むのも商売だろう。……（笑）
子　探偵小説などは？　コナン・ドイル、あれ、いまでも読んでます？
父　本がないよ。
子　そうか、わたしが取寄せてあげましょうか。
父　しいて、そう、もらいたくもないな。
子　アガサ・クリスティなどはどうです。

父　クリスティは覚えているが、名前の知らないのは読んでも面白くないね。

子　カーという作家なんか、いま向うで人気があるそうだけれども……。

父　知らない作家は、読んでも面白くないんだ。

（大観はキライといった、あのときと同じである）

捕物帳談義

子　アメリカのものは？

父　場所の記憶がないと、どうも面白くないな。その点、やはりイギリス物ならわかるんだね。シャーロック・ホームズなどは、なつかしいな。

子　こんどまた、シャーロック・ホームズを読んでいるんですがね、やはり非常に楽しいな。

父　いつか、イギリスでのことだ。コナン・ドイルの娘さんに会ったんだ。あの人の小説は子供のとき読んでいたので、もう死んだろうと思って、「あとをついだのか」といってしまったんだ。そうしたら生きているというんだな。困ったと思ったよ。あれは、ずいぶん長生きをした。

子　それから、捕物帳を読まれるという話ね、一つの語り草になったけど……。

父　いや、あれはね、谷崎さんのなんとかという小説……。

（潤一郎氏も、吉田さんにかかってはカナワンというところか。もちろん、先刻ご存知なのだが、なぜかは話をきいて行くうちにわかる。皮肉である）

子　「細雪」でしょう？

父　そうそう、あの人がね、文化勲章をいただいたときだった。志賀さん（直哉氏のこと）にキミは何を読むかって聞かれたんだ。高等な小説は？　ッてなことなんで……で、高等な小説なぞ読まない、捕物帳を読む、そういったんだ（笑）。それが……。

子　そのときですね、銭形平次とおっしゃったのは？　それが、一ぺんにひろがった……。

父　そのとき、いっただけなんだ。高等な文学、なんて顔附してるから……。（笑）

子　ところで、銭形だが、どっちかというと、半七の方がわたしにはいいな。いま全集が出てますが、お読みになってますか？

父　いいや、トンデモナイ。（笑）

（また一つ、語り草がふえては、というワケでもなかろう。吉田さん、いたずらっぽく打消してニヤリとする）

子　しかし、銭形うんぬんのときはね。大分、本の売行きが違ったというので、その方面から大変喜ばれたらしい。そうでしょう。
父　それほどでもないだろうがね。しかし、そういえば十手をもらった(笑)、捕手の持つヤツ。
子　大分宣伝になったんですよ。見ン事、捕えてくれたんだから……。
　谷崎さんで思い出したのですが、文化勲章、あれは廃止になりませんでしたね。廃止になったら、いただいた方は、結局どういうことになっていたでしょう。
父　そりゃ、いいのじゃないか、既得権だから。
子　あなたは、まだですか。
父　無理をしてまでもらおうと思っちゃいないよ。
子　ボクは、あれは、ほしいな。

外交的な感覚

よい国と悪い国

子　少し話題をかえて、外交のことなど……日ソの漁業交渉ですね。アレ、うるさいな。

父　魚で国交回復っていうのか（笑）。そうそう、思い出すが、いつだったかな、一九三二年ごろかな。在外公館査察使というので、欧米を一回り巡回を命ぜられたときだ。ニューヨークで、あの有名なハウス大佐に会った（註＝ハウス大佐は外交畑でも著名な人で、ウィルソン米大統領の相談相手としても有名だった）。「ディプロマチック・センスのない国民は滅亡するゾ」といって、彼が第一次大戦前に、ウィルソン大統領の命をうけてドイツに行って、カイゼルに会って……。

子　二世ですか？

父　ウン、ウィルヘルム二世だ……。首相は誰だったかな。

子　ビスマルク？

父　いや、もっとあとだ。
子　ベートマン・ホルヴェックですか。
父　そうじゃない。誰だったかな——それで、彼はいったのだな。ここで、ドイツが戦争をする。せっかく大きくなってきたドイツが、ヨーロッパの大国を相手に戦争すれば、ドイツの繁栄なり、幸福というものは、メチャメチャになってしまう。しかし反対にだ、戦争をしないで、このままで行けば、ドイツはヨーロッパにおける一等国になるんだ、といってね、戦争は絶対にしてはいけないということを、しきりに説いたというんだな。そのとき、カイゼルは、「ウン」といった。ウンといいながら、その言葉にもかかわらず戦争を始めたんだ。そして、その結果が、あの負けだ。一朝にして失敗。敗戦の傷をうけて、繁栄はトタンにケシ飛んでしまった……。
子　忠告どおりにね……。
父　それで、わたしが会ったとき、ハウスがいうんだ。もし日本がだな、世界戦争に参加したら、このドイツと同じような目にあうだろう。しかし、反対に、参加せずに、そのままでいたら、自然に世界の一等国として生長してくる。これはキミたち、断じて戦争してはいけないよ、ってね、そういうんだ。昭和六、七年ごろだよ。日本が、満洲事変から、いよいよ思い上って、戦争を始めようとしていたころだ。これは近衛さんがアメリカに行ったときにも、大佐が同じようなことを近衛さんにいったと聞いている……。

子　ディプロマチック・センス……か。

父　〝外交的な感覚〟だな。これはハウス大佐の主張だったわけだが、その話をきいてから、一層ボクらは戦争反対論をやったわけだ。日本が第二次世界大戦を始めようという時に……。

（ご機嫌だった吉田さんの顔が、ようやく沈痛な色に変ってきた。そのころから数年、一九三九年―昭和十四年―吉田さんは長い外交官生活にピリオドを打った。そして終戦の年の九月、東久邇内閣の外務大臣として、新生日本の外交をしょって立つまで、和平目指す苦難の日々を送ったわけなのである。健一氏も、こと、ここに至っては、ただ傾聴するだけ）

その、ディプロマチック・センスだ。これは、今日でも同じだな。さきの日ソ漁業交渉だが、ソヴェットに近づいて……魚のためにソヴェットに接近して、国交を回復しようという。国交正常化なんかと、いい加減なことをいって、それで大使交換とくる。そうなったら、ソヴェットの大使は、必ず何百人という宣伝員を日本に連れてきて、共産主義の宣伝なり、日本の内政攪乱なりをやる。間違いないことだ。終戦後、まだ日本の内政は整ってはいない。国民の思想も、甚だ不明瞭だよ。外国人のいうことでも、無批判的に、たやすく受け入れてしまう。いうことを、すぐ崇拝して、何いわれても信用する。ミスター・

ビフテキでも、オムレツさんでも、あちらさんのいうことなら何でもいいんだな……。

（笑）

子　そりゃ、そうだが、ミスター・オムレツさん、ってのはねえ。（笑）

（オヤジの舌鋒に、ムスコ、ここのところタジタジ、攻守、いまや所を変えたり）

父　こんどの場合でも同じだ。ソヴェットから、ワザワザ宣伝員を呼びこんで、日本がどうなるというんだね。魚のために日本の国民を、日本の国家を損なうことになっては、それこそ大変なことだ。しかも、今日、政府は、だ、隣りの国と国交を正常化する、それがドコが悪いかというが、この言葉をウラからいえば、「泥棒につき合って、ドコが悪いか」といえようじゃないか。終戦のときの、あのドサクサに参戦してきたイキサツを思い出してみるがいい。国には、いい国と悪い国がある。それをおしなべて、隣国と交際するのは当り前という……。

（語調いよいよ鋭く、真向うから難詰する恰好だ）

子　問題は国民の……。

父　そうだ。いい国と仲よくするのはいいけれども、悪い国と仲よくするのは日本国民の幸福じゃない、というのだ。

子　友だちのよし悪しと同じだな。

（健一氏、ちょっと、とりなし役に回った形）

父 いい親を持つ、ということと同じだな。（笑）

子 子供は、親が悪ければ蹴とばすから構いませんけれどね。（笑）

父 子も悪ければ蹴とばす。（笑）

カメラ問答

子 ただね、ソヴェットの場合ですよ。留守家族という問題があるでしょう？ また、捕虜というものもあるんだな。その人達その身内の人々の願い、その一番の願いが日ソ交渉なんだな。

（酒の話も、ウイスキーのことも、もうない。深刻な、それぞれの表情である）

父 よく判る。しかしだ、魚とそれは別のことじゃないのか。別に考えるべきことだよ。また、問題の国交回復とも、全く別に考えていい。これは、人道問題だ。

子 それは、そうですね。戦争で捕まっている人達は、もう当然帰すべきなんだ。あれは、一種の、あれじゃないの？ 戦争の前にいっていた、いわゆる国民外交の二の舞じゃないのかな。

父　ボクは知らない……。

（憮然たる面持である）

子　松岡洋右さんの……つまり、国民外交なんてものですむなら、国民の税金で外務省なんてもの作ることないですからね。

父　あるもの、しようがないじゃないか（笑）。第一、政府なんていうものも余計だし、新聞も余計なものだ。（笑）

子　この間、あなたから伺った話で、いまのフランスの政府はしようがない。だけれども、国は非常に繁栄してる、そういうことでしたね。それと日本と同じだという。そういうことですか。

（これは、対談の席ではなく、父子水入らずの際のことらしい）

父　政府がいい、悪いは別として、問題は、国民がいい、悪いということじゃないのか。国民がよければ、政府が少しぐらい悪くとも、いいのだよ。逆にだ、国民が悪ければ、政府が少しぐらい良くても何にもなりゃしないさ。

子　いまの政府にもかかわらず、日本の手持外貨がね、十五億ドルもある、というのは楽しい、そういうことをいわれましたね。

父　（笑って）そうか、しかしだ、政府が悪くても良くてもだ、新聞がよくなければいけないな。国を誤るのは新聞ということもあるぞ。

子 ずいぶん新聞の悪口をいわれますね。

父 いや、そういうわけじゃないさ。しかし悪い新聞は売れないな。ただし、国民がよくなりさえすれば、だ。国民がよければ、悪い新聞がつぶれる。そして、いい新聞が出来るわけだな。だから、新聞だけ責めるわけにはゆかないがね……。これは、少々新聞ビイキになって面白くないかな。ここはケズレよ。

（吉田さん、またニヤニヤ笑い、速記者までが笑い出して、対談一時休止）

子 新聞といえば、この前に撮った、あなたの写真ね。あれはとにかく面白い写真だったな。それから、わたしと二人で並んで撮ったのも……大変に珍しがられたけれど、それほどに、あなたの写真嫌いというのが、評判だな。

（健一氏、吉田さんが水をブッかけたり、ステッキをふるったり、カメラ嫌いを持出して食い下ろうとするコンタン、か）

父 ボクはね、写真がキライというんじゃないんだ。写真を撮すヤツがキライなんだ。ずいぶん無礼だな。だから、水、ぶっかけちゃうんだよ。

（ニコニコしている。これは、まさに本当？　また、よく追いかけ回された人でもある）

チャーチルも水をブッかける

子　写真はキライじゃないけれど、撮すヤツがキライだとおっしゃったでしょう。だから水をブッかけてやるんだって……。あれ、あなたの専売特許じゃないのかな？

（健一氏、引きつづいてのカメラ問答である。一本とりたいのかな、とみたはヒガ眼か）

父　ナーニ、ほかにも、いるさ。いつだったかな、イギリスで、外務省でだよ。やはりカメラマンがワーッときてね。同じなんだな、どこも——そうしたらイーデンがね、トタンにザーッとブッかけたんだ、水をね。どこも同じさ。（笑）

子　そういうのは、ボク知らないけれど、座談会などでね、同じポーズを何度も撮られることがあるんだな。フィルムを何枚も使って。モッタイないなあと思うことがある。あなたではないけれど、イヤになっちゃうことがある。やはり自信がないからというのでしょうね、カメラマンとして……。

父　こっちは、せっかく話をしているのに、注意を、それで逸らされてしまう。あれはね、どんな場合でも不愉快なものだ。気が乗らなくなってしまう。

子　やはり、あれ、カメラマンの腕の問題なのかな。

父　イヤ、あれは職業からくる熱心さのせいなんだな。これは、日本もイギリスも同じなんだ。しかし、撮られるヤツが迷惑するのも同じなんだな。（笑）

（世のカメラマン諸氏よ、吉田さんは、諸氏の立場をよく知っていたのである）

子　あなたのほかに水ブッかけた人というと？

父　チャーチルね、あの人も、たしか、どこだったかな？　海水浴していたとき、ジェノアかどこかで……。

子　海水浴？　リドーじゃないんですか？

父　あ、そうそう、リドーだ。あそこで気楽に泳いでいたんだな。そうしたら、やってきたんだ。そして、ハダカのチャーチルをパチパチ撮り出したんだ。せっかく、忙しい中を逃げ出して、ちょっぴり気休めをしているところをね……。だからチャーチルさん、すっかりカンシャク起してね。水をブッかけたよ。それがまた、あちらのカメラ雑誌にのったんだ。そのときの騒ぎも、チャンと書いてあったんだよ。

子　証明附だな？（笑）

父　そうさ。カメラマンに水をブッかけたのは、だから、ボクばかりじゃない、ってことだ。みんな、適当なときに、適当に水をブッかける。（笑）

子　しかし、海水とはヒドイな。チャーチルの場合など考えると、あなたの場合の方が、日本での評判はともかくとして、まだ、いい方だと思うな。海水は塩っからい……。
　（カメラを持ち出して、ひとつ、オヤジをトッちめようとの健一氏、あっさり妥協の形、もっとも、オヤジの話にはスジが通っている）
父　そうだろう。ブッかけるのはボクばかりのようにいっているけれど、チャーチルだって、イーデンだって、ほかにも、ずいぶん、みんなやっているんだから……。（笑）
子　要するにね、日本では、今までやった人がいなかった。そういうんでしょう？
父　サァ、それはどうかな。
子　それにしても、あなたくらい、カメラに追っかけ回された人ってないようですね。
父　ウンそうだな。それだけに拙者の被害も多かった。（笑）
　（セッシャとおっしゃる。やはりサムライである）
子　チャーチルさんのお話が出たけれど、この間の絵、あれ、もう、お送りになったんでしょう？
父　ああ、あれは、もう送った。とにかく、わたしの手から離れたよ。

イギリス人と日本人

子　チャーチルさんと、初めてお会いになったのは？
父　ずいぶん前だからな、もう、すっかり忘れたよ。
子　チャーチル観というかな、イーデン観でもいいんだけれど、イギリスの外交官ですね。あの人々の、もって範とすべき点、そんなことについて……。
父　どこの国の外務省の人でもね、コモン・センスというか、とにかく失礼な言葉は使わないが、そういう常識では、イギリス人は、もっともそうなんだな。決して、露骨に、人の悪口なんかいったりしないんだ。
子　具体的な例は？
父　こんどの、フルシチョフ、ブルガーニンなどね。ソヴェットの人々の訪問でもだ。これらロシアの全権に対して、歓迎したくない人たちもイギリスにはたくさんいる。ところが、その人たちは決して罵詈讒謗《ばりざんぼう》をもって対してはいない。全く、ソヴェットの全権として歓迎しているのだな。しかも、その、イギリス人としての、ソヴェットのやり方に対する相当の反感、全幅の賛成はしていないのだということが判るような、そういう歓迎をしている、と、わたしは思うのだな。だから、コムニュケにしても、こんどの会見は、決して無益ではなかった、双方の間の理解を深めるに役立った、というようなことになっている。

子　コムニュケね……。

父　そう、そういう風にいいながらも、ソヴェットのやり方については、イギリス人は満腔の賛意を表しているという感じは決して与えていない。いわば、イギリス人の意のあるところが判るような、そうした歓迎のやり方を、常識的にやったんだろうと思う。少し、日本の場合と違うのじゃないか。

子　こちらとの比較論ですか、これは？

父　イギリスのように、ああいう風に行かないと、日本の国民はどうなる、と思うね。ソヴェットから何かいわれると、ソヴェットは日本に好意を持っているんだと思い、国交を回復することは日本のタメになるぞ、となる。こんな、タメにならない、あとで後悔するようなことは、イギリス人なら、しないだろうと思うんだな。戦前から、もし日本の領土が侵入、占領されたとするなら、それは、ソヴェット人が一番侵入している。

子　なるほどね。

父　終戦のときだって、そうじゃないか。そのときまでは、日本とソヴェットの間には中立条約があった。そのソヴェットによって、あの戦争を終らせようという考えをもった人もあったのだ。ところが、その当のソヴェットが、終戦の一週間前になって参戦してきた。満洲は、いうまでもない。朝鮮の北から樺太、千島を占領したばかりか、満洲などでは、武器や弾薬などはもちろんのこと、日本人が蓄積した、非常に大きな財産を全部とってしまったじゃないか。

おまけに、だ。その、日本から引上げた武器を、こんどはシナの共産党にも分配してやって、そのために共産党がシナをとってしまった。これが現実だ。こういう歴史を考えてくると、うっかりソヴェットとは正常な国交が出来ないというのが常識じゃないか。少なくとも、現在の日本の政府としては、こうした事実をようく知っておかねばならぬはずだ。にもかかわらず、隣りの国とは仲よくすればいいという、ごく単純な考えでもって、日ソ国交の回復を考えているとするなら、いま、いったような歴史を、どう考えているというのか。全く、忘れっぽいというほかはない……。

(グッと椅子のヒジを握って、吉田さんは憮然たる表情である。例の特徴的な口元のシワが深い。前のテーブルの、どこかをジッと見据えたまま、そんな恰好だ)

日本と、ソヴェットの、その歴史的関係を忘れてしまったのか、無視してしまったのか、いずれにしてもそう、たやすく日ソ国交回復といえるはずのものではない、と、わたしは思うんだがね……。

子　ボクの知っている外人の記者ですがね、モロトフに会ったんだそうです。そして、日ソ交渉をどう思うかって、きいたんですね。そしたら、モロトフ氏いわく、とにかく困るのは、日本の国民が、この戦争を勝ったと思っている。そこで、その記者が、しかし、もっと困るのは、ソ連が今度の戦争で日本に勝ったと思っていることじゃないんですかといおうと思ったが、クレムリンの真ん中なので、だまってしまったんだそうです。

日本の反米思想

バラをむしってなぜ悪い

子　ときにね、わたしたちの対談、大分読んでる人があるっていうんですがね……。

父　自分でホメているんじゃないのか。(笑)

子　イヤ、東京新聞社の方にね、大分、投書も来ているそうです。見せてもらったんだが、面白いな。あれ、お見せしましょうか。

父　投書なんか、それはウソだろう。(笑)

子　いや、一杯来ている。あなたがラジオに出られたら、いろんなファン・レターが来たようにね。大体、ウソ書いたら損害賠償とるゾ、なんてことまでチャンと書いてあるんだ。みんな……。

父　わたしは、その点、見てないんだから、文責……。

子　記者にありか、イヤ、健一にありですか(笑)。山浦貫一さんね、あの人なども、面白がっていた……。

父　山浦さんか、あれのいうのはアテにならんよ。あれはオレのファンだから、なに書いても、アテにならん。(笑)

子　東京新聞に、放射線という匿名欄があるの、ご存知でしょう。そりゃ、悪名高い人たちの集まりだが、あそこでも、いろんな話が出てたそうです。こういうこと、あのときの話、そんなことシャベらせろって……。

父　新聞社の方に、名前を貸してやるから、なんとか返事してやればいい。(笑)

子　ホントにお許しが出ればね、それから阿部真之助さん……。

父　知らないな、名前だけは知っているがね。

子　あなたがキライなヤツだという人なんだけれど、文句は一言もいわなかったそうです。

父　阿部という人には会ったことがないんだ。

子　お会いになる手筈が整っていたんだけれど、何かで、お会いにならなかったんじゃないんですか?

父　この前、日本人のエチケットについて話をしたね。遠足に来て、ひとの邸を借りて弁当を食い散らかして帰る、アイサツもしないで帰る、ただ、ボーイ・スカウトや女学生は違う、チャンと後片附けをして行く話ね。そしたら、この間、三島通陽《みちはる》(註=ボーイ・スカウト日本連盟総長）さんから感謝状をもらったよ。ボーイ・スカウトのことをお話ししていただいて有難かったといって……。

子　それは、よかったですね。ボクが見たんでは、東京新聞ではないよその新聞ですがね、社説のようなところに、その話が出てましたよ。こういうことをきくことは、若い人達へ明るい希望が持てる、美しい傾向だとしてね。もっとも、週刊東京で、あなたがシャベッたとは書いてなかった。（笑）

父　それにしても、ヒドイ連中がいるよ。こどもの遠足にきたあとのあの乱暴狼藉ぶりはね。教師がついているのだから、何かいってやってもよさそうなものだがな……。わが少年時代は、他人の庭でもって食い散らかしたりしたことはないからね。もっとも、だ、遠足に行ったこともなかったがな。（笑）

子　それで思い出したんだが、ウチの生垣がバラなんですよ。いま、満開なんだけど、それを近所の小学校の子供たちが、むしって行くんですね。いけないなあというと、なぜにいけないのか、子供らにはわからないらしいんだな。

父　汽車の一等乗客が弁当を食い散らかす、酔払って失礼千万なことをやらかす、まあ、同じことなんだな。戦前にもないことはなかった日本の風習かも知れないが、もう改めてもいい時だね。西洋の汽車でもって、ボーイが入ってきて弁当のカラを掃除して、ヤマのようにして持出すなどというのは、わたしとしても、よその国では見たことがないね。

子　それはそうだな。しかし、昔は、こんなことは、家庭で教えていたと思うんですがね。シツケの問題ではないのかな。ところで、パパだって、やはり、ご両親をコワイと思いましたか？

父　（やはり、というところ、このムスコ、相当にオヤジがコワかったようである）キミたちと違って、わたしは可愛いがられたから、コワイとは思わなかったさ。

子　ボクは、感じが鈍いから、可愛いがられた感じがしないな。（笑）

父　頭の問題だよ。

（と、いって、吉田さん、体をユスッて笑っている）

子　ウチの子は別ですがね、このごろ、よくききますが、近ごろの子供は、親を厄介者と思っているのじゃないか、ってね。

父　オヤオヤというじゃないか。

（健一氏、一本ヤラレタという感じ）

日本の品位は田舎に

子　イギリスの外交官気質といいますか、チャーチルやイーデンについては前におうかがいしましたけれど、それとアメリカの外交官、それから、ほかの国の人たちとの違いというような点について……。

父　とくに外交官ばかりが違うのじゃない。国民が違う。

子　国民性の反映、そういうんでしょうか？　外交と政治は切りはなせないんだから……。

父　外交官ばかりでなくて、国民が良ければ、すべて自然とそうなるのだ。やはり今までのところでは、今日、イギリスの外交官などは、もっとも常識に富んでおるだろうね。たとえば、この間だ。ソ連の首脳二人が行って、あまり得るところなくして帰った。しかし、得るところがないけれども、イギリスの国民はだ、決してタコをあげたりなどして、無礼なことはしない。かえって、至極まじめに歓迎している。二人の訪問に対しては、そりゃ反対の言動をしたものもあったらしいが、大多数のイギリス国民は常識をもって、決して無礼なことをしていない。たまたま無礼なのがいて、何かいったり、動いたりしたことがあっても、新聞が、すぐにソレに反撃を加えて、なぜ国賓に対して、そのような無礼なことをするのか、かりに反対であっても、それはディグニファイド・サイレンス（毅然たる沈黙）をもって迎えなければならない、それを軽々しく、言葉でもっていうのはバカなヤツだ、と、そう、新聞は抑えておる。ブルガーニンも、だからまた、こんどイギリスにやって来て、相当成果をあげたといって、そういう意味のコムニュケを出している……。国民が、そういうグッド・センスに富んでおらないと、いわゆる国民外交にはならないんだ。これが、日本だと、石をブッつけたり、何やらかすかもわからない。イギリスでは、決して、そんなことはしない。

子　前にも、いわれましたね。ディプロマチック・センス（外交的センス）の問題でしょう。

父　多年の素養もあろうし、教育もあるだろうが、イギリス人というのは、多年の間、世界的な教育をうけてきたのだから、そういうディプロマチック・センスは、自然に身につけているわけなのだ。そういうディプロマチック・センスがあれば、ディグニファイドされた品位のある国民ということになり、国賓に対しては国賓の礼をもって待遇ということになるのだろうな。

子　それが、日本の場合は、どう思われます？

父　日本の場合、なんとか、かんとか、いうけれども（笑）、相当なものだと思うんだ。

（相当なものとは？　これは、ドッチにも受取れるコトバ。聞き手も、一応ハテ？　と思う

わけだ）

子　やはり、ホントにある、と思われます？（やや、詰問調であり、サムライ調でもある）

父　そう、思っているね。ことに田舎に行くとだ。いま、反米思想とか何とかいっているようだが、田舎に行ったアメリカ人にきくと、少しもイヤな気持にならない、といっている。田舎の人が、チャンと心得ているんだ。反米ってのは、あれは東京のミーチャン、ハーチャンなんかだろう？（笑）悪い新聞なんかにオダテられている……。（笑）

子　反米は、インテリというやつで、ミーチャン、ハーチャンはどうかなあ。（笑）

（マサカ、吉田さんの口からミーハー族なるコトバが飛び出そうとは思わなかった。健一氏、タジタジとしながらも、オヤジの痛烈な皮肉にツリこまれて笑い出す）

ニクソンと日本の子供

父　この前、ニクソン（米副大統領）が日本に来たときだ。小学校の生徒たちが歓迎に出て道路にズラッと並んでいたというのだ。そこで、キミたちは政府の命令で来たのかってきいたら、いや、そうじゃない、ボクらは、アメリカの副大統領という人をみたいから勝手に来たんだ、と、そういったというんだ。

子　ニクソンが来たのは、たしか二十八年の暮、十一月でしたね。

父　ニクソンがやってきたときはね。日本では反米思想が盛んだとかなんとか、ずいぶんよそで聞いてきたんだ。ところが、歓迎に小学校のコドモたちまで来ている。道に並んで旗を振っている。これは政府が命令して、作為的にやっているのではないか、そう考えたのだね。そこで車をとめて、コドモたちやなんかに話しかけてみたらしい。ところが、そういう返事だったというので、ニクソンは、日本の反米思想などというものは根底のあるものではない、ごく一部の者がやっているかも知れないが、日本の国民全体は決してそんなものではない、といってね、わたしに話したのだ。

子　コドモはウソをつかないというから……。

父　ニクソンはこういうのだ。コドモたちは非常に無邪気に答えていた。日本のコドモの、そのオヤジたちがだ、変なことを考えていたら、コドモたちも副大統領の顔なぞ見たくなくなるはずなのに、自分を見たいといって、こんなに大勢の無邪気なコドモたちが出て来てくれた、と、それは非常に喜んでいた。こんなコドモの話など、非常に印象づけられるものだな。

子　日本の場合も、決して悲観するには及ばない。相当なところまでは来てる、という例ですか。しかしこんどの戦争直前に反英運動が盛んに行われたことがありましたね。

父　国会から、イギリス大使館に押しかけたりした。しかし、あれは民衆運動じゃなくて、一種のタメにする、作為的に集められたヤツだった。

（昭和十六年、対英米関係は極度に悪化し、七月二十五日のイギリスの日本資産凍結通告、同じく二十六日の日英、日印、日緬〔ミャンマー〕各通商条約廃棄通告をめぐって、民衆の動員が行われた）

子　昔は、ほんとうの意味の反米反英というのはなかった。あれば……必ずタメにしようとするものばかりでしたね。ところで、あのころ、あなたは浪人だったのでしょう？

父　わたしが駐英大使をやめたのは、一九三九年（昭和十四年）だから、もうとっくに浪人だった。終戦で、東久邇内閣の外務大臣になるまで……六年間だな。

子　退屈だった？（笑）

父　退屈じゃないさ。大分、兵隊さんたちから憎まれたりしていたから……。（笑）

子　憎まれても、退屈は治まらないでしょう。

父　憎まれると、退屈なぞしないもんだよ。（笑）

子　やはり、生甲斐はないでしょう。

父　そんなことないさ、たとえ退屈しても生甲斐はあるよ。

（禅問答のようである。が、戦前から、戦争避くべしとして動いていた吉田さんの当時の心

境が、対談の間にもにじみでてくるようだ）

子　そうですか。退屈というのは普通は、生甲斐を感じなくなるものだが……。たとえば、外交官になって、自分の意見、自分の策というものが用いられないとき？

父　そのときは、その次の策を考えるさ。

子　じゃ、いろいろ考えていらしたのですか。

父　ウン。

（吉田さんの人柄からいって、今となってはあまり好ましくない話題だったのであろうが、この禅問答？　で、引張り出された恰好である。とうとう、素直に、ウンという返事となった）

勲一等は独房でも優遇

子　そして、戦争が終る年、とうとう憲兵隊に引張られた……。

父　ウン、文字通り、引張られたな。（笑。ただし、苦笑である）

子　あのときは、やはり普通に拘置するような部屋だったのですか。ほかの人とも一しょに？

父　いや、独房だった。普通の人はもちろんコミで入れられていたがね。幸い独房に入れてくれた。なぜって、ボクら、勲一等持っておったからね。優遇してくれた。
子　憲兵隊長よりも上というわけだ。（笑）
父　そりゃ上だよ。（笑）
子　閣下とか、なんとかいうの？　やはり……。
父　憲兵はいわんが、普通の人はいってくれたな。憲兵でも、かげに回ると、ソッと閣下と呼んだりするのもいた。（笑）
子　憲兵の中の偉いのが大分責めたら、「キミ、そりゃ違うよ」って笑っていて相手にしなかったとか、十二時間も訊問されたとか、いろんなことを聞いているのだけれど……。
父　そりゃ違うよ。（笑）
子　これもデマか。（笑）
父　まあ、そんなこともあったかも知れないが、毎日毎日そうやられていたら、こっちが参るより先きに向うさんが参るよ。
子　結局、憲兵隊から監獄に行かれた？
父　九段の憲兵隊に二週間くらいいただろう。それから代々木の陸軍監獄に移された。
子　どっちがラクでした？

父　どっちも、世間がいっているほど虐待は受けなかったさ。監獄でもノミやシラミにはお眼にかかったことがないし、外から差入れもしてもらったし、そいつをまたほかの連中や看守に回してやったから、ずいぶんと有難がられたりもしたよ。

子　しかし、よかったですね。ボクはね、よくガマンがお出来になったと思っていた。（ホントに感に堪えた、という調子なのだが、相手が相手なので、妙な言い方にもとれる）

父　キミらが安い原稿料でガマンしなければならぬのと同じことさ。（やはりトタンにピシャリときた）

子　安月給でガマンしますよ（笑）。ところで、葉巻はすいましたか？

父　そりゃ、すえないよ。

（だんだん雲行がおかしくなって、速記の方がハラハラしてくるが、案外双方ともニヤニヤ、やはり父子対談なるかなだ）

子　ボクはそのころね。横須賀で勇敢なる水兵でしたよ。海軍の、番兵の役だった。ギョウサンに物資が積んであったな。終りごろになると空襲が激しくなって、横浜などの焼け方が凄いんだな。これは東京もヤラレたと思って、これはオヤジもダメだなと思いましたよ。

父　死んじまったと思ったんだろう。（笑）

子　あのころは、あなたが金持だとは思わなかったから、非常においたわしくて……。(笑) 監獄でも空襲をうけられた？

父　ちょうど監獄にいたころだな。焼夷弾も落ちたりするんで、野菜置場になっていた穴倉に待避させられたりした。そのうち、あまりにヒドクなってきて、陸軍監獄にも命中した。それで外に連れ出されたのだが、初めは明治神宮外苑だった。それから目黒など方々をグルグル引張り回されて、まもなく、仮釈放ということになって帰されたんだよ。

子　通算して何日くらい？

父　四十日くらいかな。あとで一度呼び出しがきて、法務中将という人に会ったら、不起訴になったという。こんどは「閣下」といってね、打って変って鄭重なのだ。おかしかったな。(笑)

パリで通じる鹿児島弁

子　あなたは、こんどの講和会議に出られましたけれども、前の大戦の時の講和会議にも出られたわけですね。ヴェルサイユ条約の……その折のお話をおうかがいしましょうか。

父　ウン、しかし商売上の機密があるからね、それは。

子　触れん範囲で行くことにしましょう。肩のこらん話を……。
父　それにしても、そうそうスッパ抜くわけにも参らんだろうな。これは、新聞だって同じだろう。（笑）

註　第一次大戦が終ってその講和会議が一九一八年（大正七年）パリの郊外、ヴェルサイユで開かれた。英米と共に連合国側に参戦した日本は、世界の五大国の一として会議劈頭から参加、当時すでに元老であった西園寺公望を首席全権に、牧野伸顕、珍田捨巳、松井慶四郎、伊集院彦吉ら四名をもって全権団を構成した。（五大国いずれも五名ずつだった）牧野全権は西郷、木戸と並ぶ維新の大立物大久保利通の長男で、吉田さんの岳父である。イタリア、オーストリア各公使、農商務相、文相、外相を経て全権、のち内大臣となり、天皇側近の重臣として長く重きをなした。このため二・二六事件では反乱軍に襲われたが、危く難を避け、戦後の一九四九年（昭和二十四年）に死去した。珍田全権は、ブラジル、オランダ、ロシア各公使、ドイツ、イギリス各大使をやり、全権の一人となった。会議後、功により牧野全権と共に伯爵。松井全権は時のフランス大使。伊集院全権もシナ、イタリア各大使から全権となり、帰国後外相、松井氏と共に男爵となった。いずれも、かつてのわが外交界におけるそうそうたる先輩たちである。この会議当時、吉田さんは岳父牧野全権の秘書官として随行、会議終了後もパリの日本大使館に残った。

子　どこかで聞いたのですが、ヴェルサイユの会議の時、あなたが全権の切符を買うのを全然忘れていて、皆さんをマゴつかせたとか……。

父　そんなことないぞ。

子　それから、こんな話も聞いたんだが、あなたがワザと珍田さんたちをお連れしてモンマルトルに行った。そして、あそこの女たちに皆さんがタカられるのを知らん顔して後から行って見てた……。(笑)

父　それも話がちがう。あそこに屋根がある街があるだろう？　二階になっていて上が建物だ。

子　いまでいうアーケードでしょう。

註　このアーケードのある通りは、リュド・リヴォリ。パリの中でも有名なおしゃれ店街である。

父　そうだ。その時はホテル・クリヨンで会議があったんだ。会議が終って、わたしは牧野、珍田さんと一緒にホテル・ブリストルに帰ったんだが、その途中でだよ、あそこに夜の女が出るんだな。その連中が「ボン・ソワール、ムッシュー」なんていってね、たちまち寄ってきた。サスガの牧野や珍田さんもビックリして雲をカスミと逃げてしまう。そこ

で堂々、これに応対したのが伊集院さん（笑）、小さくなって控えておったのが拙者なんだ。（笑）

子　ヘエー。そこで「きょうはチョイと忙しい」とか何とかおっしゃったのかな。（笑）

（父子、いずれも茶目ッ気を丸出しにして笑っている）

父　伊集院さんのフランス語というのは鹿児島弁だからね、わかりゃしないよ（笑）。たとえば、ボアの中のバガテルに行く場合にも鹿児島弁でバカターレなんていうんだ。（笑）

註　ボアはブーローニュの森の意で、バカタレは鹿児島で馬鹿野郎ということだそうである。伊集院全権は旧鹿児島藩士。

子　大変なフランス語だな。

父　それでも、わたしたちの運転手はね、伊集院さんの鹿児島的なフランス語になれてしまって、鹿児島弁で馬鹿野郎《バカタレ》といわれてもチャンとそこへ行くんだ（笑）。だから、伊集院さんの鹿児島語がパリでは通じる、といってね、話し合ったもんだよ。キミのいうのは、多分そのころの話だろう。これがホントの話だ。

子　ボクの聞いた話とは、大分違いますね。これも、あやまって伝えられているのかな（笑）。ところで、伊集院さんですが、全権として交渉なすった時も、やはりそういう鹿児島的フランス語でやったのですか。

父　ヴェルサイユではね、そういう交渉は主として珍田、牧野でやり、伊集院さんはその次だった。大体、大事な交渉や話合いは、首席全権の西園寺さんが自ら出て行かれた。西園寺さんは若いころフランスに長く行っておられて、当時のフランスには、昔からの知己が多かったのだ。あの有名な〝虎〟といわれた大統領のクレマンソーとは、若いころ一緒に下宿していた仲で、とくに親交があったわけだ。まあ、こんなわけだから、大事な話は自分でやられた。全権でも末席の方は、そういう交渉の方には出ないものだよ。

子　しかし、牧野さんのお話をきくと、とても忙しかったそうですが……。

父　忙しいのでは、牧野が一番忙しかったろう。しかし、ボクらだって忙しかったぞ。（笑）

子　それはそうでしょう。ああいう大会議だから。

父　その上に、珍田さん夫妻の夫婦ゲンカを仲裁したりしてね、公私ともに忙しかったさ。（笑）

子　珍田さんの夫婦ゲンカは物凄かったってね、ボクも、いつか聞きました。

父　ご夫妻の、スゴイところまでは見なかったがね。（笑）

子　こちらも鹿児島弁？

父　いや、珍田さんは東北弁だよ。（笑）

註　珍田全権は津軽藩士。今日出海氏の伯父さんに当る。

華やかな官補時代

子　それでは、もう少し話を前の時代にもどして……。あなたが、初めてヨーロッパに行かれたのは？　イタリアだったかな？

父　いや、ロンドンだ。

子　お役目は？

父　官補さ、領事館のね。

子　明治三十何年？　日露戦争のあとだったのでしょう？

父　そう。

子　そうすると、日英同盟があったころですね。大使は？

父　加藤さんだった。

註　旧憲政会総裁故加藤高明氏。いわゆる護憲三派内閣を組織する前に四たび外相となったが、その間、イギリス公使、イギリス大使を各一度ずつ勤めた。このときはその大使の際である。

子　いい時代だったな。いいお酒も飲めた……。

父　ボクら、悪い酒など飲んだことないさ。(笑)

子　そうすると、ブドウ酒は、い、い、いきなりやっていらっしゃるうちに覚えられたのでしょうね。何とか二十一年なんてヤツね。

父　ああ、みんなそれぞれ「表」がついているからな。チャンと酒屋で、その何とか何年のブドウ酒がいいといってね、広告に寄こすんだな。一本か二本買うんじゃなくて、一時に何ダースも買うんだから……。もっとも、ボクが買うんじゃないがね。

子　それは、どういう?

父　もちろん、そりゃ大使館で買うんだよ。(笑)

子　ナァーンだ。公用か。もっとも官補さんの月給ではね。初任給五十円、っていうんでは。

父　在勤費というのがあったから、五十円というわけじゃない。

子　月給のほかに出てたのですね。

父　いまだってそうだよ。

子　倍ぐらい?

父　倍じゃきかないだろう。その時分、一ポンド十円として、五十円なら五ポンドだ。いくら何でもね、そりゃダメだな。

子　ロンドンのあとがシナ、つまり中国ですね。

父　シナにはずいぶんいた。最初のころは奉天にもいたし、ヨーロッパから帰ってきて安東県にも四年ほどいた。それからチョッとまたヨーロッパに行ってきて、こんどは天津に、という工合だった。

子　しかし、一番長かったのは、やはりロンドンじゃないですか?

父　前後を通ずれば、だ。

子　昔の話では、評判が悪いとすぐシナにやられた、ともいってましたね。しかし実際は優秀な人がシナにやられていたのじゃないですか?

父　みんな「オレは優秀だからやられたんだ」と思っていたろう。(笑)

子　その、お若いころの話でね、こんなこと聞いたんですがね、青木周蔵という方がおられたでしょう。

父　大使や公使もやった。外務大臣でもあった……。

子　そうそう。その方の外務大臣のときです。何かの会で、あなたもどなたかと一緒に青木さんのおうちに行かれた。そうしたら、青木さんがお嬢さんの腕をとって出て来られた。何でも、青木さんの奥さんという方はドイツ人で、その娘さんだから洋装だったんですね。

長い裾をひいて……その裾を、あなたが過ってフンづけちゃったら、青木さんがギョロリと大きな眼をむいてニラミつけた……青木さんの眼は大きいので有名だったそうで、そのときは全くコワかったと、あなたが述懐しておられたという（笑）。その人はね、コワイものなしのあなたにもお若い時はこういうこともあったのかって、うれしがっていましたよ。

註　青木周蔵は長州の人、各国の大公使をやり、外務大臣、のち枢密顧問官、子爵だった。大正三年死去。

再軍備無用論

国会と腕力

子　山浦さんが、珍しい写真を持ち出して来られてね。昭和二十六年の大晦日、緒方さんが政界に打って出られる前の年ですね。町野武馬翁のおうちに、お元気だったころの古島一雄さん、緒方さんなどとご一緒に、当時総理大臣だったあなたが、岡崎さんや増田さんなどと出ておられて……。

父　山浦君が、その忘年会に出ていたんだ。

子　その時、誰かが「これはヨソには出さないことにするから」というんで写真を写そうといい出したら、「そんなら止めよう、新聞に出すんなら撮ってくれ」と、いったのがあなただったという（笑）。だから山浦さんは、その写真を持ってたのだけれども、どこにも出さないでおられたんだそうです。

父　人の希望をすっかりタナに上げて、不都合だな。（笑）

子　しかし、今日こういうものを書くということになると、今までどこにも出さずにおったのだから、もうお断りしなくてもいいだろう。小生としても立派なものだよ、というので持ち出されたという。あの方しゃれた紳士ですね。それから今さん、あなたに関する世の中のうわさというものが、いかに誤り伝えられているかということについて、たとえばあなたからもらった葉巻がタッタ三本で、しかもカビていたとある雑誌に書いてあったが、あれはウソだとか書いておられた。

父　誰か、カビの生えた葉巻が好きなのがいるのじゃないのか。（笑）

（その葉巻を例の如く口にして、吉田さんは相変らずニコニコと笑っている）

子　ところで、今週の対談と参りましょう。まず参議院ですね。今、ラッパをつけた自動車がジャンジャンやってきて、ワーワーいってゆくんだけれども、〝暴力〟だとか何とかウルさいですね。今まで何べんか新聞でたたかれて、それでもまだやってる。あれは実際愚劣だと思うんです。

父　新聞がたたいたって？　このごろはそうかも知れないが、以前は全く取り上げてはいないぞ。わたしの時などは（笑）。堤議長の時だって取り上げちゃいない。事態は、あの時だって同じことなのだ。

註　昭和二十九年六月三日、警察法改正にからんで会期延長が論争の中心となり、乱闘騒ぎを起した。警官が出動したが、本会議場までは入らないですんだ。

暴力はよろしくないということは、とにかくドシドシ取り上げた方がいい。ああいうことがある度ごとに、厳重なる制裁を加えることがいいと思う。このあいだ暴力を振った議員、あるいは衛視をなぐった議員だ。衛視がなぐられ放しというバカな話はない。なぐられ放しという規則はオカシイ。

（そう思わないか？　という吉田さんは、国会でよくみた顔に変っている。口元をへの字に結んだアレだ）

子　そりゃあ、オカシイと思いますがね。

父　衛視だって、ブンなぐられたらブンなぐり返していいんだ。衛視は無抵抗で行けという訓練をしたのがオカシイじゃないか。そもそも、衛視というのは暴力を抑えるために衛視になっているのだから、暴力を振ったヤツはどしどしつかまえていい。初めにウントやらんといけない。大体、こんな場合には、議長はドンドン告訴してやるべきだよ。

子　なぐられた衛視の諸君の中には、まだ病院にいる人もおるのじゃないかな。とにかく怒っているらしいですね。

父　おかしな話だよ。

子　見舞いなんかも、双方、一回くらいは行ったと聞いてますがね。とにかく暴力問題というのはね、どうしてそうなったかも含めて、問題にしてゆくということがいいな。これからも、引きつづいてね。

父 新聞にいうんだね。(笑)

子 それもそうでしょうが、こういう問題が起ると、参議院というもの自体の問題、あり方ということが問題となってくる、そういうふうに考えさせられるのですがね、ボクらには……。

父 根本的な問題だな。だが、第一にだ、暴力を振った議員に対しては、国家が制裁を加えるということはもとよりだけれども、社会的な制裁というものを加えるべきだと思う。ところがそれを加えていないのだな。

子 逆に、新聞に名前が出たというので、英雄にでもなったような気でいるのも出てくる(笑)。一部にはね、たしかにそういうのもいる。いい気なものだな。

父 民主政治というのは、何でも自由だ、乱暴してもカマワヌ、そんな気でいるのだ。そして、圧迫するものは何でもよろしくないというので、正当な法律によって罰則なり、取締りをされることまで、あたかも民主主義に反しているかのように考えている……。

子 そこなんですよ。完全なハキ違えなんだ。

民主主義の社会制裁

父　秩序を乱したり、乱暴したりするものは、刑を科しても一向に差支えないのに、これをすることを民主主義でないように考えているんだ。民主主義というものを、ハキ違えているのだね。

子　そう。

父　イギリスなどではね、民主主義といえば、刑罰以外に社会制裁が非常に強い。これは、法律を待たずに取締っているということになるのかな。そういう社会制裁というものが日本の場合は非常に弱いのだな。わたしは、ここに問題があると思うのだよ。徳義、道徳に対し、あるいは社会の秩序なり安寧なりを犯すことに対し、もっと厳しい批判があってもいいと思う。それが、そういう考えから法律を作ったり何かすると、さも民主主義に反することのように考える。しかし、民主主義というものは、法律があって、その上にあるものなのだ。

子　ところが、そう考えていない人達もいるんだから……。

父　無茶に暴力を振うことが自由ということじゃない。わたしたちはドロボーではないのだ。わたしたちは秩序のある、法律のある社会に住んでいるのであって、秩序のない社会というものはケダモノの社会だ。法律を適用することを、いかにも自由を妨げることのように考える者がいるが、法律の範囲内において自由があるものと思う。そこがどうも違うのがいるようだな。最近の考え方では……。

（笑っているようでもあり、怒っているようでもある。こうなると複雑な吉田さんの表情になる）

子　戦後の法律は、全部が民主主義に立ってできたものです。その法律は守らねばならないのに、戦前意識が、まだそのまま続いているのですか、変ですね。

父　民主主義のね、法治国においてはだ、遵法精神というものはもっともっと尊敬しなければならんのだ。それからもう一つ、その一方では、いうべきことをハッキリということだよ。日本人は、大体いうべきことをいわない。いうべきことをいうと、乱暴のように思われると思うのか、穏健着実と考えられたいのか（笑）、いうべきことをいわない。

子　相手によりけりかな。（笑）

（あなたなどにはねえ、といった顔である）

父　たとえばだ。社会悪に対してケシカラヌということは、乱暴で、おとなしくないことと思ったりするのかな。いうべきことをいわないのだ。戦前でもこのために軍閥がはびこるに至ったのだから。重臣にしてもそうだったのだ。

（社会悪とか何とか、吉田さんがいい始めたので、これはまた新聞攻撃かと思ったら、こんどは重臣が対象、もっとも太平洋戦争当時の重臣諸氏である）

ズッと昔のことになるが、西園寺さんなどは違う。西園寺さんは育ちが育ち、お公卿さま然としておられて、つまらぬことはいわぬという態度でおられた。だが、いうべきことは至ってヤカマシイ厳しい人だった。かつての話だ。何かの問題で原田熊雄（註＝故人、男爵、西園寺公の側近、公の連絡係として終始政界の表裏に動いた人）から聞いたのだが、西園寺さんが、当時内大臣だった牧野に、大久保（利通）の爪のアカをせんじて飲め、といった。そのあとに牧野のところに行ったら、とても機嫌が悪くてひどい目にあったという んだが、西園寺さんという人は、穏健どころか、なかなか厳しかったのだ。ふだん穏健のように見えるから、それだけになお一層鬼気迫るような感じをうけたと原田はいっていた。

子　西園寺さんといわれたので、思い出したのですけれども、読者の或る方、女の人ですが、西園寺老公に倣って、ますますお元気でいらして国のためにお働き願いたい、という手紙を寄こしてるそうですよ。

（健一氏、ニヤニヤしながら吉田さんの笑顔を見ている。この投書東京都下武蔵野市の某女からのもの、内容を披露に及ぶ）

父　老はいいが、公はないな（笑）。もっとも、熊公、八公なんてね、大分おることは居るようだな。（笑）

子　ご婦人からというのは、いいな。西崎緑さんですがね、木暮実千代という美人と、亡くなった作家の林芙美子さんと三人で、あなたを首相官邸に訪ねられた……。

父　ズッと前に、そんなことがあった。

子　おうかがいしたら、椅子をすすめ、お茶をすすめ、タバコもすすめた。吉田というのは、そういう点まさに一級品である、と書いていたな。（笑）

父　この前ね、ラジオで田付女史（たつ子さん、外務省事務官、日本人では二人しかいないパリ名誉市民、もう一人は皇太子である）と対談したのだな。その時、田付女史曰く、あなたは日本の女性の向上ということを考えたことがあるかというんだ。冗談じゃない。とんでもない、いい話だ。そんなに向上してはたまったもんじゃない。亭主という亭主はね、みんな尻に敷かれてしまうじゃないか。（笑）

（意地悪そうに、そして面白そうに笑う吉田さん、その折の、田付女史の顔を見たくなった。そんな顔で笑っている）

子供の手紙

子　田付さん、お困りだったでしょうね。ご返事のしようがないもの……。しかし、さっきの西崎さんですね、お会いした印象についてこういっているのですよ、吉田さんという方は立派な方だけれど、国民からは一〇〇パーセント好かれることはなかろうって。とくに現在の日本の状態では、全面的に良い人だといわれるようでは、政治家として成功しないだろうというんです。ハッキリとそう書いてあったな。

父　大いに好かれようと思ったんだがね。（笑）

子　ああいう考え方というのも、一つの考え方かな。立派であるということは、必ずしも好かれるものではない。嫌われるということもある。

父　ずいぶんと嫌われたぜ。（笑）

子　国会談議から大分外れてきましたがね、国会と腕力なんていうことで、世論もなかなかウルサイようです。これも一つの資格だなんていってね。ところで、あなたも、剣術はおやりになったのでしょう。何しろ、世は剣豪時代なんだから。（笑）

父　子供の時はね、そりゃ、吉田の方のオヤジさんに遠慮なく頭をたたかれたよ。足の先

までビーンとひびくのだ。これはイカンと思ったんだろうな、それで剣術はやらないことにした。(笑)

子 吉田のおじいさんが、いきなりバーンとやったのですか?

父 撃剣のケイコをしてたんだ。ウマイ奴がおって教えてくれていたんだが、オヤジが帰って来て、やってやろうといって、ウンとたたかれたんだ。だから止めてしまった。八つだったな。

子 ちょっと可哀そうだ。

父 八つで撃剣やってオヤジに敗けるのは当り前だろう。

子 いきなりお面とられたら痛いでしょうね?

父 教えてやるよ、どんなものか。(笑)

子 いや、たくさんだ。(笑)

父 今じゃ、こっちが敗けるかも知れないがね。それから、柔道もやった。嘉納塾にいた書生がいて、教えてやるというのでやってみたのだが、人間というものは臭いもので、鼻持ちがならん(笑)。これも止めてしまったな。それ以来、防備撤廃、再軍備もやらずだよ。(笑)

子 吉田のおじいさん、健三という人は、随分手厳しかったらしいですね? 泣かされたことでしょう。

父　泣かないさ。泣いても面をかぶってるから判りはしないよ。しかし、ほんとうは痛かったな。

子　その時の顔、写しておきたかった（笑）。そんなふうに剣道をやったんで、今でもハカマの脇のところへ手をやるクセがついたのかな？

父　そんなことはない。

子　しかし、そういう解釈をした人もいた。

父　虎造さんに聞いてみろ。（笑）

子　この間、三越に行かれて、何だか面白そうなことがあったそうですね。

父　いやに早耳だな。どこで聞いた？

子　新聞社の方から聞いたんですが、対談をよんでいる重役さんが、早速社の方に教えにこられたらしい。ノルウェーの娘が、あなたにおねだりの手紙をよこして、その贈り物を買いに行かれたんだとか……。

父　それは、アメリカにいる女の子だ。自分は人形のコレクションをやっているんだが、という可愛い手紙だった。なにか送ろうと思ったんだが、そのまま過していた。そのことを思い出したんで、フト三越に寄る気になったんだよ。ところが、店で人形を見ていたら、

重役さんがやってきてね、おかげで、一つ買ってお終いとするつもりだったのが、さらにもう一つ買ってしまった。（笑）

子　これは愉快、その時のお顔、見えるようだな。

父　ところが、それでもまだ重役さんには相済まぬと思ったものだから、うちの椅子がほしいとか何だとかいってしまったんだ。そうしたら早速人間をよこすというんだ。弱っちゃって（笑）今週はダメだといって、ようやく断って帰ってきた。そのまま忘れていたら、ほんとに次の週になって電話がかかってきたよ（笑）。とうとう店の人というのに来てもらうことになった。人形のおかげで非常な損をしたよ。

（非常な、という言葉にアクセントをつけて、吉田さん、天井を仰いで哄笑した）

子　有名税というヤツだな（笑）。ところで、その女の子から、返事が参りました？

父　まだだ。三週間くらい前だから、向うに着いているかな。

子　では、またの時にうかがいましょう（笑）。だが、これと似た話、日本の娘さんでありましたね。子犬を一匹もらいたいがというので、あなたが送ってあげたという……。

父　大分前の話だ。もらえたら可愛がって育てるといってね、これも可愛い手紙だった。

註　この日本の少女は静岡市の長谷川桂子さん（一五）。犬はセパードでラッキーちゃん。吉田さんの総理時代のことである。もうすっかり育って、桂子さんより大きいくらい。

子　つい最近、一緒に歩いている写真が『サンデー毎日』で紹介された。

子　人形はいいが、犬の場合は……。

（吉田さんの犬好きは有名だ。邸内にも十四ほど飼ってあるが、それだけに健一氏、よくしたものだという顔つきでいる）

父　ウン、犬をやるのもいいんだけれども、食っちゃったりされると大変だから（笑）心配した。

子　相手が子供だと、いつも応じられるようですね。そういうの、ずいぶん参りますか？

父　来るよ。しかし、犬はそうはやれない。（笑）

子　子供の手紙は見るんだな。

父　大人のはあまり見ないよ。しかし子供の字を捨ててしまうのは気の毒だからね。また、子供の手紙はずいぶんと来るんだ。

（こうなると、手紙はすべて子供に書かせた方がよさそうだ）

再軍備は蟷螂の斧

子　ところで、日本人というものはどうでしょう。方々歩いて、色々な人の話を聞いてみて、近ごろは日本人の中にも、日本人の自負というのか、そういうものが出て来たと思うのですが。ボクの書いたものでも、これは進歩的でない、反ソ的であるというようなことで没となったものもあったが、このごろは大体通ります(笑)。とにかく変ってきたと思う。

父 そういう点は、私も同感だ。保安隊、いや自衛隊に入る人が、ここ二、三年来非常に素質がよくなってきた。また、外務省の外交官試験を通ってくる人の素質も非常によくなった、というのは、国が安定し、社会生活も安定してきたのだね。今までは第一に食糧に困っておったが、その食う物がだんだん豊富になった。そして考える時間がいくらかふえてくると、国民本来の性格が現われてくる。今までは食うことに追われ仕事に追われていたやつが、だんだん生活に余裕を持ってきた。そこで自然、考える余地が出てきた。教養なんていうものは、時間あっての話だ。

子 そう。

父 現に自衛隊など、若い人が集っているところは……。

子 一番よくわかるというのでしょう。

父 そうだ。入ってくる士官にしても、兵隊さんにしてもだ。相当よくなった。けっこうな話で喜んでいるよ。

子 そういえば、よそから聞いたのだが、ある子供が自衛隊に入ったんですね。初めは制服を着て街を歩くのが恥しかったというんだ。ジロジロ見られたからなのでしょうね。ところが、最近は、帽子をちゃんと被って胸を張って歩けるというのです。

父　軍隊のために、日本は国を誤ったのだから、兵隊の帽子をかぶっておれば、オレの子供を殺した、親を殺した、という気持が起るのは当り前だよ。自衛ということは肝腎なことだけれども、再軍備をするといって、ひとの国を征伐することは相成らぬ話だね。行き過ぎはいけない。自衛の程度はいいけれども、鳩山などは再軍備などといって、何いっていると思うのだ。

子　それ、そのまま載せていいの？（笑）

父　かまわんさ。

（鳩山さんの名前が飛び出したとき、日ごろは相当なことをモノ申しているムスコの方だが、やはり気になったようである。それだけに、吉田さんの語気も相当に荒い）

今日の場合、軍備なんかというものは非常に金のかかるものなので、あえてそれをしたら、日本の国が無くなってしまう。この間、アメリカの軍備を見てきた人の話をきいても、とてもそんな軍備は出来たものではない。ソ連が、そのためにどんな軍備をしているか知らないが、アメリカと同じものを持とうということになると、非常に金がいるし、人間がいる、また非常な知力が必要だ。そのアメリカの軍備を、目下の軍備の標準と考えれば、日本のような貧乏国でそれをやるには破産しても追いつかない。だから、再軍備なんて、ちゃんちゃらオカシイ。再軍備しようというものは、軍備という考えがないんだ。

子　フン。（ゆっくりとうなずいている）

父　〝蟷螂《とうろう》の斧《おの》〟で、そんなものを作って貧乏するくらいなら、しない方がマシだ。そうなると、これに代るものとして集団防備なりを考えていけばいいので、日本一国で軍備をするなんて、バカの骨頂だよ。寝言といわざるを得ないじゃないか。だから、われわれとしては、ここで日米安全保障条約を考えたというわけだ、頭を働かすべきものであって、自ら軍備なんて出来るものじゃないよ。

子　ところが、いま日本で闘わされている再軍備賛成論、反対論というものは全然別なんですよ。何といったらいいかな。

（ちょっと首をかしげて考えこむが、吉田さん委細かまわず話をつづけてゆく）

父　自衛が必要ないというわけじゃないよ。自衛の責任はもちろん持たなければならないが、国の独立をいかにして守るかということは、軍艦を持ち、飛行機を持っていれば守れると思うのは間違っている、というんだ。頭を働かして、集団防衛なりを持つべきだ。今日、独立して自分の国を守れる国は一国もありはしない。イギリスでさえアメリカの飛行隊が行っている。フランスもとより然り。ＮＡＴＯ（北大西洋条約機構）なる組織は集団防衛なんだ。こういう防衛というものは、今や一国ではいくら金があっても出来るものではない。アメリカにして、今日の防衛を蓄積するまでには、戦後何年かかっていると思う。年々、巨大な金を使って今日に至ったのだ。ポンと出して出来たものじゃない。駆逐艦一隻作っても、日本の財政などはヒックリ返ってしまう。だから、頭を働かして、集団防衛なり何なりしていくより方法はないのだ。景気のいい再軍備論などは実におかしな話で、夢みたいなものだ。極端にいえば、バカといわざるを得ない。

（氏一流の突っ放し、である）

子　それほどにね、日本の再軍備賛成論、反対論というのは宙に浮いている。自衛隊が鉄砲持っていれば、軍備があるというようなことだ。だからボクは、ミーチャン、ハーチャンでなくインテリだというんだが。（笑）

（前に、日本の反米思想について話があった際、吉田さんが、「反米というのは、東京のミーチャン、ハーチャンなんかだろう」といい、健一氏は、「反米はインテリというヤッだ」と応酬した。この問答には読者から投書があって、ムスコはオヤジのいっているところをまともにとっている。結局は同じことなのだろうが、吉田さんの表現は面白い、ということであった。それをご披露した直後だったので、かくは健一氏の発言が出たわけである。いささか面白くないというところか）

父　投書の趣旨、まことに同感だね。(笑)
子　(勝負はもうついているとばかり、吉田さんはニヤニヤしているだけ)
あなたは、政府がダメになればなるほど、国民が反省するといわれましたが……。
父　だんだんそうなんじゃないか、国民が反省したと思うのは、鳩山株が下って、吉田株が上っているのじゃないのか。(笑)
子　ウヌぼれ抜きにして、一分の理はあるか。(笑)

同名異人物語

子　あなたはバーにいらしたことありますか。
父　行ったことないな。子供も連れていかなかったが……。(笑)
子　私はいつでも案内しますよ。皆な、きっと喜んでくれるでしょう。
(吉田さんが現われたら、サゾお賑やかなことだろう。面白い図となること請合である)
終戦直後に、吉田茂がバーによく行くという話をききましたがね。
父　もう一人の吉田茂だろう。
子　いや、外務大臣のころでしょうか。

（ムスコ、うわさの如くインギン無礼につっこんで行くが、オヤジ一向に動じない）

父 もう一人の吉田茂だが、大正天皇御大典のとき（大正四年）京都で初めて見た。同姓同名の人が内務省にいると聞いて、どんな人かなと、かねがね興味を持っていたんだな。それでとくに会ってみたのだけれども、会ってみると、どうもセッシャと似てもつかぬ堂々たるもの。こっちは小さいヤツでね、その時は、キミとボクとは余り違わないといって別れたのだが（笑）。それからは時々顔を合せた。あれ以後、なにかやった……。

子 厚生大臣かな。

父 そうそう、その時だよ。新聞社が来て、おめでとうとか何とかいって写真を撮るというんだ。こっちじゃない。向うだよといってやったんだが……。（笑）

子 ありがたくないな、そんなのは。それはいつごろ？

父 戦争のズッと前だ。よく間違えられたな。あの人の子供が亡くなったときも、ボクのところに弔電が来てね、全く有難くなかったな（笑）。それから先生が内閣書記官長の時だ。料理屋から払いの請求が間違って来たよ。これは早速送り返してやった（笑）。こういうことを考えてみるとね、あの吉田先生も、私のところへ来るヤツを相当せしめているだろうと思うんだな。（笑）

註 もう一人の吉田茂氏は大分県の産、内務畑の出で昭和九年岡田内閣の書記官長、同

十四年米内内閣の厚生大臣、同十九年軍需大臣、戦後は神社本庁事務総長、労働省身体障害者雇用促進協議会会長を勤め、二十九年十二月死去。

子 その経験はボクにもあるんだ。大金の請求書なんだな。それに葉巻代が入っているんだ。

父 えっ？ それはオカシイぞ。被害者はどっちかというんだ。前にも私に原稿料が入ってくるんだったが、それがキミんところに行ってしまって、黙って使っちまったことがある（笑）。税務署から税金をいってきたのでオカシイといったら脱税だとヌカス、仕方がないから何ももらわないで税金だけ払ったのだけれども、これは捕えてみれば我が子なり、だ。（笑）

子 それは老獪というものなので……。（笑）

（イヤハヤ、というところである。傍聴人の、いうこともない）

父 あの時はよっぽど警察に突き出そうと思ったが（笑）、捕えて見れば……じゃしようがないから、オヤジの負けさ。今後はああいうことは止めたまえ。

子 今後は区別します。（笑）

（問題が問題、かくなればムスコも神妙である）

陸奥宗光と父

父　こんど、珍しいものを朝日新聞の人が持ってきてくれた。日清戦争のころ、まだ漢学塾にいたとき書いた作文なんだ。今でいうと中学生の時代かな。確かに自分の字だが、ずいぶんと変な気がした。

子　漢学塾というと……。

父　藤沢に塾があった。

子　うちが大磯だから藤沢まで行くのに都合がよかった、というんですか？

父　そうじゃない。オヤジが、明治二十年だったかな。保安条例が出て政府に反対している者を追放した。

子　明治二十年？

父　ウン、多分憲法発布の少し前だから。この追放で三百人ばかりが東京の三里以外におっ放り出されてしまったんだが、その時にオヤジもやられちゃった。

註　保安条例は同年、当時盛んだった自由民権運動弾圧のため出された。言論、集会、秘密結社禁止を内容とし、在野の有力者ら三百人が放逐された。伊藤内閣で、条例を出した内務大臣は山県有朋だった。

それで、子供を東京におくと金がかかってしようがないというんで連れて来られたのだよ。

子　土佐にでなく……。

父　私自身は土佐に行くつもりだったんだが、土佐には弟や妹が行って、私だけ藤沢に止めておかれた。神奈川は中島信行《のぶゆき》という人が当時県令（いまの知事）をしていて、息子が藤沢の塾におった。

子　寄宿制度ですね？

父　そうだ。その時の作文だよ。だから、弱ったな。（笑）

子　どんな作文？

父　けさ見たんだが、どういうことか忘れてしまったよ。（笑）

子　やはり国を憂えているものですか？（笑）

父　そうじゃないよ、十四、五歳の子供だぞ。（そうさ、という答えを期待したら例の如く逆だった）

そんなことで、この土地とは古い馴染みがある。それで私が選挙に立候補することになって土佐から立とうと思っていたら、世話になった旧家の人が来て、土佐まで行かずにこの土地でやったらどうだ、藤沢は中島信行（註＝県令後、明治二十三年、第一回国会議員に当選、衆議院の初代議長となった。自由党の草分け的存在）以来、自由党の金城湯池で、ここでやればむろん当選するといってくれた。いいことだと、よほど藤沢にしようと思って、衆議院議長だった山崎猛君に相談したら、「それはダメだ。一回は当選するだろうが、第二回以降は落選確実だ」と保証するんだ（笑）。ナゼだ？　ときいたら、自分の住んでいるところで立候補したら、有権者がやって来てヒドイ目にあう、その上キミのことだからそういう有権者を優遇しないだろう（笑）、だからいよいよもって二回以後は落選疑いなしというんだ。なるほど、これは危いと思った。果せるかな、現に岡崎勝男君がやって、今は落選している。

子　やり切れないというワケか。立候補はなるべく遠いところでするといい、というのは面白いな（笑）。それから、あなたの作文で思い出したのだけれども、最近入手された陸奥宗光の手紙、アメリカ公使時代のだというとやはり大分古い……。

父　そりゃ古いさ。大体、陸奥という人が、うちのおじいさんたちと捕まったんだもの。明治十年の西南戦争に関係したというので、林有造らと一緒に捕まった。

子　征韓論派……。

父　なんだろう。西郷に味方して天下をとろうとしたんだろう。

註　陸奥宗光は紀州藩士。脱藩して維新に活躍した。明治十一年下獄。のち駐米公使、二十五年伊藤内閣の外相。日英条約改正、日清戦争講和談判の立役者でもある。

子　しかし特赦になったんですね。とにかく監獄から出たのは明治十九年か二十年ごろです。

父　一番重罪だったので約八年おられた。しかし、そのころの監獄というのはラクなんだよ。赤い着物を着ているわけでもなければ、労働するわけでもない。ただ監禁されているだけの話だ。おじいさんもそうだった。メシはただだし……。（笑）

子　三間か四間の家で、女中でもつけてくれたのかな。（笑）

父　むろん下僕（しもべ）か何かいたのだろう。政治犯だから優遇されたわけだ。牢から出て、大臣になれるならば、これくらいいいことはないね。

子　陸奥さんとは直接会われた？

父　直接はない。オヤジのところにはしょっちゅう来ていたが。

子　和歌山の人ですね。

父　陸奥さんの話をするほどじいさんじゃないね（笑）。陸奥さんは日清戦争ころに活躍したのだが、その日清戦争の時は、こちらは十四、五だからな。神武天皇の話をしろといっても困る。（笑）

くるっている外交センス

国民外交か素人外交か

子　昔、国民外交というコトバが使われましたが、またこのごろ、正規のスジを通さない、いわゆる国民をダシにして素人が出てゆく。外務省は要らないというのか、あれは必ず失敗するということがわかっていながら、なぜそれに乗ってしまうのでしょうね。ちょっと考えればわかりそうなものなのに……。

父　日本の外交知識というものは変なものだよ。それで戦争になってしまったのだね。

子　それはホントだ。ところが河野さん（河野農相）は、外務省のロシア語通訳がダメだとか、なくてもよいとかいっている。要するに、自分がやるのがヨロシイ、というのかな。ああいうのは、昔、松岡さん（註＝洋右、近衛内閣の外相）らがやっていたことでしょう。それが、自分で出て行って国際連盟を脱退してしまった。そんなのヨソの国にはないでしょう？

父　イギリスなども国民外交をやっているかも知れないが、イギリス人というのは本来コモン・センス（常識）に富んでいるからね。

子　だから、外務省を信用しているわけですね。

父　しかし、そういう国に限って国民はその時の政府を信用する。この間、フルシチョフとブルガーニンがイギリスに行った時には、一行に対して相当反対の声を立てた者もあったが、それに対してタイムス（ロンドン・タイムス）の読者の声なんかは、投書欄だな、「一体、ロンドンに来た国賓に対し罵詈誹謗することは、自分の国の品位に関するじゃないか」といっていた。イギリス人としては、ロンドンに来た国賓が面白くないのだったら、ディグニファイド・サイレンス（毅然たる沈黙）をもって対するのが常識だ、というのだね。

子　タイムスの投書欄は、権威がありますね。つまり彼らは、日本的な意味での国民外交は考えていないのでしょう。何のために外務省があるのか、例えば条約の先例とか、いろんな専門的な知識が要る。外交官が全部ダメだって、イギリスの食糧大臣とか内務大臣が、勝手にどこかに行って国民が拍手することはないだろう。また政府にしても、そういうことはしないでしょうけれども……。

父　フフン。

子　フフンというのは、どう書くのかな。

父　フフンというのは意味深長なんだよ。

子　長老会議のこともあるが、皆な慎重ですね。やはりモチ屋はモチ屋で、ということでしょうか？

父　モチ屋はモチ屋でいかなければウソだ。

新聞への注文

父　われわれが不満に思うのは、だ。各新聞がそれぞれ主張があって書くべきなのに、必ずしもそうでないことだ。ロンドン・タイムスにしても、ニューヨーク・タイムスにしても、それぞれ主張があって書いている。その観点からして掲載しているのだと思う。日本の新聞雑誌は、よくは知らんが、興味本位に何でも書いて載せればいいという態度じゃないかな。読者の声なり意見なりを取捨する場合にも、その社その社の独特の意見を標準として打ち出すべきものだろう。それを日本の新聞は、自分の主張から考えてみて、この意見はよろしくない、これはいいというように取捨せずに、犬がワンとないた、猫がニャンとないたと、何でもかんでも報道するのが自分の義務なりと考えているのではないか。どうかな？　私はね、それはイケナイと思う。社に独自の、独特の意見があって、それを物差しにして行くべきだと思うんだ。その点、非常に欠けているものがある。外国ではタイムスなどのほかにもフランスのタンが主張をもっていて面白かった。イギリスでもデーリー・メールなどは売らんかなの方だがね。

子 しかし、日本の場合、それは一概にはいえないと思う。立場が違うんじゃないのかな。向うでは必ず建前がある。アメリカなどでは、ある読者はこの新聞、ある読者は別の新聞、という風に読んでいて、それで成立っていっている。だが、日本の新聞というのは、なるべく多くの読者を獲得しなければならないから、結局立場というのがなくなるんです。だから、時代が変るごとに変るでしょう。

父 ボクは、新聞として考えるべき問題だと思うな。社は独特の意見があって、その意見を標準として取捨すべきで、何でもかんでもというのは無定見といわざるを得ない。

子 方向がなければ、というのですね。

父 あってこそ新聞だと思う。よってもって国民を啓発し、よって国の運命を定めると思う。

(聞かされる健一氏には、お気の毒である。吉田さんの新聞批判はなかなか手きびしい)

イギリスの新聞記者などもね、仕事の帰りなどにバーに入ってね、いわゆる民の声を聞いて参考にする。そういうことは必要だと思う。日本人というもの、あるいはミーチャン、ハーチャンはどういうところにいるかを、始終考えなければいけない。新聞などもね。そのミーチャン、ハーチャンに売ることを主体とせずに、これをいかに教育するかだな。そのためには今いったバーだとかにも行く。昔は床屋だとかフロ屋だったが……。

子　ただ今は飲み屋と申します（笑）。バーというのは少し高級なんだ。

ところで、長老会議の話がありましたが、問題になった先ごろの会議ですね。どのくらい集られた？

父　あれでも、三十人くらい集ったろう。

子　大使と公使をやられた方ばかり？

父　多くは、そうだ。

子　外務省が招集するというようなことは？

父　そんなことはあるまい。お互いに意見がある、外務省の先輩として黙っていられるか、というところからだよ。

子　ああいう会合は、戦後として初めてですか？　時期も時期ですし問題が問題なので、一般の関心も強く引きつけられたようだったが……。

父　それは知らないが……。会合そのものは度々やっているらしい。この間は東京会館だったが、ふだんは月曜だったか、霞ケ関の外務省の中にあるクラブに集っているようだ。

そこで、本省の局長とか、課長から話をきくことになっている。

子　ところで、近ごろの外務省のお役人というのは……。

父　ことごとく立派だ。

子　言い切ったな（笑）。間、髪を入れずにね。

父　それはそうだよ。昔からそう思っているんだから。ボクとしては、よその役所よりも親しみがあるんだな。というのは、海外に行くと小人数の集りだ。われわれの時は、多くても二十人いなかった。シナの北京など最も多かったのだが、それでも二十人はいなかったろう。それが、一緒に大使のところに呼ばれる、一つものを食べて過ごす、遊ぶにも自分らの仲間だ、数が少ないから非常に親しみができる。だから、大使を捕まえて〝おい〟というぐらいなことをやるようになる。よその省などは、局長や課長のところに物を持ってゆくのだろうが、われわれは持ってゆくのがオカシイと思うくらいで、そんなことをしなくとも親しみが出る。とにかく、よその省なぞよりは親密だった。

（古巣のこうした追憶というものは、吉田さんにとっても楽しいものらしく、また長老としての愛情？　といったものが感じられる）

少年時代の作文

子　この前お会いしたとき、藤沢の漢学塾におられたころの、あなたの作文のことがお話に出ましたね。そうしたら早速読者の方が、その作文を持ってこられたというんです。これですが、全部で六つあります。

父　それ、誰が持ってきたの？　前に一度、見たのもある……。

（その古いケイ紙の作文が父子の手もとを往復した。遠い昔の筆の跡、さすがに吉田さんも感慨深そうである）

子　「帰省」というの九十五点、一級生となってますが、これは幾つくらいのときのです？　漢学塾に入ったのが明治二十年、保安条例が出て、おじいさまが追放になって、その時に一緒に東京を追われてからだから……。

父　だから、いずれにしても、十一歳から十五歳ぐらいまでの間だ。

子　十一といっても、数え年の方ですね。

父　いい、もちろんそうだ。その時分のことだから。

子　そのころは、みんな、こんな風に筆で書いた？

父　万年筆はもとよりないし（笑）、筆か、鉛筆だった。
子　一級生というのは？
父　わからん。そいつも覚えていないが、あったことなんだろう。
子　みんな朱筆で色んな批評がしてありますが、この評をされていた先生は？
父　松岡、何とかいったな。漢学の先生だ。慶應義塾の人だったと思う。
子　その評釈なんだが、これは大変なものだな。「極楽園」というのには「真情爛漫、至性紙面ニ溢ル。文情共ニ佳甚」とあるし、「私立学校の感化力」では、「不言ノウチ反発光彩」とあって、「鍛錬ノ功イヨイヨ顕ワル、而シテ文思マスマス進ム」（笑）それから「郡司大尉を慰むる文」というのを書いていらっしゃるが、これは例の……。
父　千島を開拓した郡司大尉だ。日清戦争が始まる少し前だったと思う。
　註　郡司成忠海軍大尉、明治二十六年、予備役編入と共に、有志の青年数十名を率いて大胆にも小短艇に分乗、東京隅田川を出発して北辺占守島に向った。苦難の末、上陸に成功はしたが、その途中で船が転覆する事故があった。吉田さんの作文は、その事故について書かれたもの。なお大尉は文豪幸田露伴の兄。
子　そうすると、これは十三か四のころだ。
父　そうだろう。

子　ところで、この作文の添削なのですが、曰く「豪壮ノ人ヲ送ルニ豪壮ノ言ヲ以テス。双竜弄玉ノ壮ト云ウベシ」とあるんだ。大したホレこみ方だな、これは。これ、全部自分でお書きになった？

父　それはそうだよ。間違いはありませんよ、本人がいうのだからね。（笑）

子　時代が違うとはいえるけれども……。

（やはりウマイ、とそばから口を出したら、グッと向きを変えた）

父　おほめにあずかって有難いが……（笑）どうだい、東京新聞の記者に雇ってもらおうか。（笑）

子　百点満点をとっている「極楽園」の作文ですが、文中にずいぶん英語の名前が出て来ますね。テニソン曰くとか、ジョンソンとか、ジョンソンのラセラスはパッピー・バレーを脱して天国を求めんと欲し、とかが、フィヒテや孔子、孟子という言葉と一緒に出て来るんですが、そのとき英語をやってたのですか？

父　やっていた。

子　ラセラスの詩が出て来るが、ああいうものも読んでいらした？

父　読んだのだろうね。

子　やはり先生が講義されて？

父　ウン、慶應義塾の先生が英語を教えてくれた。

子　作文を書かれた原稿用紙は、みな「耕余義塾」と刷りこんであるけれども、これが藤沢の塾の名前ですね？

父　そうだ。始めは耕余塾といったが、慶應の先生が来てから、義塾と「義」の字を入れたんだ。そこへ中島信行という人との因縁で入った。この人は衆議院議長が最後だが、その前は神奈川県令をして、イタリー公使にもなったかな。

子　それから、ギリシャのことが出ている。エパミノンダスとか、あれはプルタークの英雄伝でもお読みになったのかな。

父　よくは覚えちゃいないな……。これを一つ、福田社長に見せて雇ってもらってくれないかな、新聞記者にどうだろう。（笑）

子　東京新聞がつぶれてしまうな（笑）。ところで、この作文の冒頭にね、『養春』に投稿するように、と朱筆が入っているのがありますが……。

父　『養春』という雑誌があったのだ。

子　じゃ、それに出たのですね。

父　忘れたよ。

子　とにかく、この先生、あなたに打ちこんでいたようだな。

父　そうさ、月謝払ってたんだもの。(笑)

子　誰だって月謝は払いますが、こうは書きませんよ。

父　それにしても、こんなもの、よく持ってたものだね。

（前回のとき、「弱ったものを見せられたよ」といった吉田さん、こう六篇も目の前に突きつけられては、いささかテレ加減のようである）

子　どんな文豪だって、そいつの十二、三の時の作文は、残っちゃいないだろうからな(笑)。チャーチル十六歳の時の作文なんてのもないでしょう。だが、ビックリするのはフランスの文士ですね。十何歳かの論文なんかが出てくるが、大したものですよ。これだって大したものじゃないことはないが……。(笑)

父　しかし、本人が知らない間に……。やったという記憶がなくて、どこかに行ったのだからね。ボクのところから盗まれたやつかな。(笑)

子　とんでもない、秘蔵して来られたのだそうですよ(笑)。それから前回にね、十五ぐらいの子供だもの、国家を憂えるようなものなどは、などとおっしゃったが、こんど読んでみると、そんなことはない。「国家の礎、急務」というのには、「このごろ名士は政治狂いになって、産業を怠っている」とお書きになっているんだが、その評釈に、「名士顔色ナシ」と朱筆が入っていた。これは面白いと思った。

墓標の字の定価表

子　大体、耕余義塾というのはどんな塾だったんです。
父　小笠原東洋という人が、藤沢の近所に落ちつかれてたんだな。その人を崇拝したこの近所の人が、呼んできて塾を作った。姫路かどこかの藩士だろうと思う。
子　漢学者ですね。
父　ウン、しかし、われわれが行った時は死んじゃっていた。
子　ところで、一行一行に評をつけるというような、こんな教育の仕方は、今の日本には全然ないんだけれども、こういうことはどうでしょう。この方がいいのかな。
父　さあね。
子　しかし、イギリスの大学ではこの通りですね。一つは生徒が少ないからだろうが、一人の教授が七、八人を受持って、まるで徒弟制度ですね。何々大学教授とか、肩書は大したものだけれど、ああいう村夫子風ならハッキリだれそれはボクの弟子だといえますよ。日本では何百人もいるから弟子とはいえないでしょう。その点、外国では、日本のあなたのころと同じだ。

父　こどもの書いたものを、大人が寄ってたかって考えるなどというのはオカシイぞ。（笑）

子　しかし、一見しても字体は今のによく似てますね。文章にも趣味があったんでしょう。

父　さあね。何しろ五、六十年も前のやつだからなあ。十年前というなら別だが、自分の字だとわかっても、いつ書いたかは記憶がないさ。（苦笑）

子　あの軸は、「露は寿杯にしたたって……」と書いてありますが、あれ、お書きになったのですか？

父　何か書いてくれ、という時に引用するものだ。

子　われわれは正直ですね。何も持っていないから、地方にいったりするとそれどころではないんです。しようがないから、李白なんかの十二行ぐらいの詩を覚えておく。そうすれば十二回は書けますね。寿杯はつまり、ことほぐ酒杯《さかずき》ですか？

父　新年のおめでたい酒のことだよ。さっき、箱に書いてくれというので書いてやった。

子　その、字を書いてもらってくれという頼みですね。新聞社の方にも来てるそうです。

父　そういうことで思い出したが、緒方君が死んだ時だ。あれは皆んなの謀殺みたいなもんだというんだ。その最も重要犯人がワシだから（笑）墓標を書けという。どうもウマク書けないね。しかし、字は練習すればウマクなるのだろう。来ていた人たちに、「君らのも書いてやろう」といったら皆んな変な顔していたよ（笑）。それから、ある婦人がね。緒方君の墓標の字が好きだといって、時々お参りをしているといったが、ワシの字も捨てたものじゃないな（笑）。定価表を作るかな。（笑）

子 定価表を作れば、持って来やすい。

父 そうしたら、明日にでも値を上げるよ。（笑）

沖縄問題と沖縄人の感情

子 沖縄の問題、大へんな雲行きですね。現地代表がきたり、こんどの選挙でも相当に投票に影響をもたらしたともいわれてますが、どうお考えです。

父 政府がグズグズしているからね、ああいう問題が起ってくるのだろうな。初めからね、政府が向うところを示せば、ああはなって来ない。正直にいえば、全くバカな話だと思う。

子 つまり、既定の方針があればいいが、それが無いというわけですか？ そういうことないでしょうか？

父 ……だろうな。とにかく政治問題が起った時には、政府が先きに方針を決めて、それで処置して行けばヘンなことになりはしないよ。ちょっと何じゃないか、藪をつついて蛇を出したような形じゃないのか。そんな風な感じもするね。くわしい真相は知らんが……。

子　初めからハッキリしていれば、島の人達も、もっとやり方が違ったのじゃないかな。何かこころもとないから、なおさらイヤになってしまうのではないですか。

父　つまり、小笠原をアメリカ軍の基地にした以上、自ら結論が出るのだ。

子　と、いうと……。

父　アメリカ政府も悪いし、日本政府も悪いという感じだ。両方に手落ちがあるのだろうね。

子　結局は……。

父　日本は東洋の兵備という問題から、東洋の治安のために、あるいは共産主義に対抗するために、そういう基地を提供したわけだが、アメリカもだ、日本を保護するために琉球を基地にしているわけじゃない。アメリカが、琉球を基地にしている主なる要点は、結局、太平洋の防備ということから出発しているわけだ。太平洋の防備のためには基地が必要となる。従って、その設備をしなければならない。そういうことなのだが、それがいけないというのなら、取り返すより仕方がない。

子　この間ね。白洲さん（註＝次郎氏、東北電力会長）が読売に書いてましたが、基地はいいけれども、統治権だけは、つまりこちらが統治をして内地と同じにしたらどうかといわれていましたが、それはアメリカの軍部がイヤがっているのですね。白洲さんのいわれるようにすれば、もっと島民は納得するのではないかな。

父 基地にする以上は、日本の内地と全く同じというわけにはいかないかもしれないな。

子 そうか……

父 琉球を太平洋防備の観点から基地にする以上は、日本の主権とはあい容れないわけだ。ということで、これは基地の必要の上からして問題は解決すべきものだよ。あとは措置の問題で、それについては損害を受けたものがあるなら、それに対してそれ相当のことをすべきであり、その相当なことをしないというところに、問題が起っているのだろう。実際のところはよく知らんけれども……。

子 おそらく、そうでしょうね。ただ素人考えで、日本の内地にも、いっぱい基地があるでしょう。ああいう風には、できないものでしょうか？

父 だから、基地のあるところだけ、適当な処置をとれば問題は起らないのだ。前にも、金沢の内灘で同じような問題が起ったが、処置が適当であれば収ってしまうのだ。一時は政府が悪口をいわれても、するべき処置をすればいいのだ。するべき処置をしないから、紛糾することになったのだろうね。

子 今は、日本の政府から切り離されていますが、一応主権は日本が持っているのでしょう。

父　日本は、いわゆる潜在主権を持っているわけさ。

子　沖縄の人達の感情は、どうでしょうね。

父　沖縄人の感情というと、よくは知らないけれども、先祖伝来の土地を取られれば不愉快には違いないよ。それに対しては、その感情が満足するだけの処置をすればいいのじゃないか。

子　アメリカの軍部の問題ですね。官吏よりも軍の方が強いのじゃないか。

外務省の家族主義

子　ところで、また後戻りするようだけれども、今、問題の外務省ですね。前にはホメていられたが……。

父　昔の外務省の役人というのは、いわゆる役人らしくはなかったな。上下の区別が厳重だったのは、軍とか、内務省とかで、それは違っていたろう。だが、外務省はそうではなかった。海外に行くと大使であろうが書記官であろうが、あるいは書記生であろうが、同じ家に住んで、同じものを食って、朝晩からして家族附合いをやっているから、そのうちには「オイ親父」になる時もあるし、お父さまというように尊敬する場合もあるだろう。だから、よその省みたいに他人行儀ではないんだ。公使館なぞ五、六人のところがあるのだから、館員が朝から晩まで「閣下」といっておられるものじゃない。(笑)

子 戦後に、あなたが外務大臣をされたころは?

父 やはり、よその省とは変っていたよ。

子 大使と大臣、両方とも親任官でしたね、同じようなものですか?

父 イギリスあたりでも、大使が大臣よりえらかった場合もある。結局は人と人の問題だよ。エドワード・グレイがアメリカの大使をしていたとき、外務大臣も偉かったかも知れないが、グレイという先輩に対して、相当の敬意を払う。偉い、偉くないは別として、先輩に対して、人物に対して、ということだね。

子 大臣と大使の間が、人物の違いで決まるというのはいいな。

父 人間と人間の関係で、えらい者に対しては頭を下げざるを得ないじゃないか。人間のパーソナリティによるものだ。

子 そうなれば、人物がいなければ、階級制度が確立するということですね。

父 やはり人間と人間との間は、官等は別として、自然の力でもって、上下をつくるのが当り前だろう。

子　そうあるべきですがね。
父　それでなければ、人間社会は動物社会だよ。
子　文士の世界は絶対、人間と人間なんですよ。(笑)
父　腕のないヤツが、結局腕のあるヤツの下につくのが自然の理窟だろうね。
子　なかなか、そうは行かない社会があるようです。画家とか、音楽家とかね。しかし、文士は絶対にそれがないんです。読者が落ちれば、いくら威張ったってしょうがない。ところで、外務省もかつてはそうだった。今でもそうかも知れないが、今日のように飛入り外交が始まると、士気が沮喪するというようなことはないですか。という意味は、素人が勝手に色んなことを始めちゃって、かりに一片の電報で全権になるというような場合、苦労してその道に入った人たちがクサッてしまうとか……。
父　クサるというよりは、つまらないヤツが訓令を出しても遵法されないよ。そんなものは通らん。
子　ボイコットされるのですね。
父　自然とそうなるだろう。
子　よその省と違うのかな。外交官というのは少しでも責任を持つから……。(笑)
父　どこの省だって、それは同じことだろう。えらいヤツには、えらくないヤツが自然と服従することになるだろう。

子 海外にいると、やはり責任感があるから、訓令に対する批判力も出てくるのじゃないかな。

父 いろいろだろう。内地だって同じことだ。

子 しかし、外交官が一番責任感が強いのじゃないかな。しょっちゅう、外国人の間にばかり出て、割合い日本人の気構えがあるのかも知れませんよ。

父 少なくとも海外に出ておれば、自分以外に頼むところがない。政府を頼るわけに行かないから、自分の力、自分の才能に頼るしかない。内地の役人でもそうだけれども、これは他に頼るところがあるが、海外におれば自分の判断で行く必要がある……。

子 そういうことだな。たとえば、内地がそういうことになっていれば、今みたいに、誰も彼も総理大臣に会わなくとも、係長ぐらいに、そのくらいの権限というか、責任感があればいいんだ。チャーチルやイーデンが、週末にどこかへ、まあゴルフやヨットをやりに行ったとき、面会者が多くてできないなんてないでしょう?

父 それはないだろう。しかし日本だって、会わなければ……。それだけの話だよ。(笑)

子 いや、会っているじゃありませんか。それじゃ、あれは断ればいいのかな。

父 断ればいい。

（水をブッかける話が出そうな雲行きとはなったが、出なかった）

子　日本では、上へ上へと行くと思いますが……。

父　よく知らんがね。しかし、面会を強要されるはずはない。会う、会わぬは本人の勝手だろう。しかし、上に行かねば事が運ばんというような時もあるだろう……。しかし、そういう時は上に行っても事が運ばないかも知れない。

外交官になったわけ

子　あなたが外交官になられたのはなぜなんです？

父　海外に行けばね、うるさいオヤジも居なければ……。（笑）

子　いや、そんなんじゃなくて……。（健一氏、しようがないな、といわんばかり、頭に手をやっている）当時、外国に行きたい人は、みんな外交官になったんでしょうか？

父　さあ、どうだろうかね。

子　焼ける前にね、テニソンの全集とかカーライルがありましたが、あれは、外国に行かれて買われた？

父　買ったのもあるし、もらったのもある。

子　そういえば、ボクが読んだマッコーレーの英国史、あれは？

父　あれは散逸せずに子供のころから持っていた。そういえば、本も大分残っていたね。

子　ああいうの、おじいさまが買っておかれたのかな。

父　いや、わたしが買ったのだ。学生時代からので、オヤジのは無かった。

子　おかげで、随分助かった。マッコーレーは随分愛読しましたよ。あのころは高かったのじゃないかな？

父　為替がよかったから……一シリング二十五銭という時があったよ。いまは十円くらいになるか？

子　五十円ですよ。そうすると、そのころは一ポンド五円ですね。ところで、重光さんとはどっちが古いのです？

父　たしか重光君の方が五、六年アトと思った。

子　芳沢謙吉という方は先輩ですね？

父　ずっと先輩だ。

子　ご一緒の方というのは？

父　私と一緒なのは、広田弘毅。

註　A級戦犯として処刑された広田さんは、昭和八、十、十一年と三たび外相、その間に十年には組閣もした外交畑の長老。

子　広田さんは、やはり戦争推進派ということになりますか？

父　推進派ともいえるし、そうでもないともいえるが、本心としてはむしろん戦争反対だろう。結局重臣になったから、国政を担うという立場上、その時の大勢に反抗できない政治的考慮があったのだろうね。外交論としては戦争には賛成じゃなかったのだけれども、しかしながら重臣としてその時の大勢に処して、無理なことはしたくないという感じがあった。軍を向うに回してケンカしても、軍を抑えるというところまではいかなかったのだろう。あの時分も、軍部は政府と一体になってやるべきで、総理大臣が参謀総長を兼ねるべきだなどといっていたので、バカなことをいうなといってやったこともあった。

子　あなたの浪人時代ですね。

父　ウン。

子　今のお話だと、シンが弱かったという……。

父　弱いとはいえないだろうね。相当の考えをもってやっていた人だ。

子　そうなると、相撲でいえば、押し出されたわけかな。しかし広田さんという方は、愛想がよかったというが……。

父　ちょっと、ボクみたいだろう。（笑）

子　在職中は無愛想の方がホントで、隠居したら、愛想がよくなるのが当り前じゃないかな。隠居かどうか知らないが（笑）。とにかく、あなたのエチケットについては、踊りの西崎さんも、ホメていらしたくらいだが。

父　この間、ある人がやってきて、石黒忠篤を応援したといっていたが、石黒というと、石黒敬七を思い出すな。

子　石黒敬七の名前は、どうして知っておられるの？

父　会ったことはないが、ラジオやテレビで、何とかいうのに出ているだろう？

子　とんち教室かな。ラジオ聞いていていらっしゃる？

父　噺し家以外は、興味がないがね。（笑）

（吉田さんの好きなのは死んだ柳好、それから志ん生だそうだ）

健全な民主政治の為には

国民の良識がすべて

子　首相官邸というのは、ずいぶんと殺風景なところですね。昔の外務次官官舎の方が、ずっと立派だ。

父　首相官邸というのは、もと鍋島さんの家だ。官邸は議事堂のすぐうしろにあった。いまのとの中間くらいかな。山王さんの坂の下に向って右か左かが、総理大臣の官邸だった。いまの官邸は田中大将の時に、鍋島家から買ったものだよ。

子　鍋島さんの邸は壊したのですね。だが、あの首相官邸、住めないでしょう?

父　住まう方は、焼けてしまったんだ。

子　一度行ったことがあるが、ガランとしたところですね。

父　官邸の方は焼けて、いまのところはオフィスさ。

子　しかし、昔の官邸というものはいいものでしたね。戦後の官邸というのは、賄附きの

寄宿舎みたいな感じがする。（笑）
父 戦後、わたしも長く官邸に入っておったが、まさかそうでもないだろう。
子 御馳走になってね、これ、あなたの御馳走なのか、政府の御馳走なのかと考えるとね、お終いには行くのを止めてしまった。いまもやはり、官舎といえば大臣がただ借りているのでしょう。
父 そのわけだな。
子 昔は燃料費が半分という話があったようだが……。
父 何か内規があるのだろう。しかし、色々と議論があったようだが、官邸を持った方が政府は安く上るのだよ。いまみたいに、ホテル住いするよりはずっと安く上るはずだ。官邸がなくてどこかに行くことになると、実際何百万かは新たに払わなきゃならんだろう。それに、官邸というのは私生活のためのものじゃない。
子 最近、日本の国内というものが、国際的にも色々と問題になっていますね？
父 吉田株は上ったというけれども（笑）、日本の株は相当に下っているよ。この間ハースト系の新聞が、日本から東洋一帯を歩いていった結果の印象をのせていたが、それによると、日本の国情は甚だ不安定だというのだ。とすれば、日本と一緒になって仕事をしようというヤツがいなくなる。アメリカが太平洋政策の上から、日本と安全保障条約を結んだ気持は、日本はもっとえらくなるだろうということを頼みにして、よってもって世界の共産主義を抑圧するという考えから、日本に対し相当の好意を寄せた結果なんだ。それがサンフランシスコ講和条約となった。また、そういう気分からして、日米間の安全保障条約が出来上ったのだ。それが今、日本を回ってみると全くダラしがない、不安定な国だ、将来どうなるかわからないということなんだ。こういうように、アメリカの新聞に出てくれば、日本に対する尊敬もだんだん薄らいでくるのも当然だ。また、六月初めのエコノミストに、鳩山になってからは日本は無政府状態だ。つまり、西洋の意味における政府というものは、日本には存在していないと書いてあった。こういうことを、イギリスの最も有力なエコノミストあたりが書いたとなると、また、日本に対する尊敬が少なくなってくる。自由国家の側の、日本に対する尊敬、信頼といったものがなくなってくるわけだ。従って共産主義がはびこる。われわれは、共産主義というものを防ぐために努力してきた。そうして、われわれの時には、共産主義者は議会においてだんだん少なくなって、衆議院には全然いなくなってしまったことがある。と、いうような時代もあったが、それが今日、共産主義がふえてきたということは、一方においては日本の政局が不安だとか、無政府状態だというようなところからだ。しかも、こうした声が聞かれると、彼らとしては、この機乗ずべしということになってくる。そうすると、日本はますます混乱に陥ることになるから、国民は相当しっかりしていなければいけない。こういう問題に関連して、われわれのとき、共産主義の非合法化を考えた向きもあったが、あれはとらない。出来得べくんばイギリスのように、国民の間から国民の良識によって、共産主義が拡張されないということになってこそ、初めて民主国家ができるのだと思う。国民の良識が共産主義を容れないことになって、健全な、最も強固な民主政治ができるはずだ。それが今は崩壊しようとしているじゃないか。少し話は大きいけれども、この、われわれの希望した事態がだんだん遠のいてゆくように感ぜられるのは、全く心痛に堪えない。これは政府ばかりでなく、国民も堅固な良識をもって、不健全な思想が入ってこないようになってこそ、初めて国の礎が固まる。今のところ、もし外国の新聞がいうように、国民の間に非常な動揺があり、不安定だということになると、どうしても不健全な思想が入ってくる。たとえば身体が弱ければ病毒が入ってくるが、身体が健全ならば少しの病毒は恐しくないのと同じで、国の良識がだんだん衰えるに従って、不健全な考えが入ってくる。それがやがて国家の礎を動かすことになるのだ。だから、今が最も戒心すべきときであるが、それが、非常に疑わざるを得ない。新聞の批判にしてもまた然りだ。

(相当に戦闘的に、一気にまくし立て、ブチ上げた吉田さん、一息して例の如くニヤリとした)

負けっぷりのよさ

子　大体、日本の国民は、政治はすべて政府任せだったのでしょうね。それで、政府は自然に動くものだと思っていたんだな。そうじゃないのかな。

父　いや、日本だって憂国の士がおったから、維新革命ができたのだ。しっかりした人がいたので、徳川幕府を倒して新日本ができたんだ。

子　しかし、あれだけ偉大な政治家が輩出してしまいますと、しばらくは政治は自然に動きますよ。

父　偉大な政治家がいたんだから、ますます偉大な人間が出そうなもんだがね……。しかし、そういって、現在の日本人はダメかというと、決してそうではない。終戦の時の日本の状態を思い出して見るがいい。家らしい家もなかったじゃないか。それが今は、東京はもとより各地に立派なビルが立並んでいる。十年の間に、こうも回復したことは、日本民族というものの偉大な力を示すものだ。日本民族偉大ならず、とはいえなかろう。大体、どうだい。ヨーロッパからやって来ても、国らしい国はありゃしないじゃないか。日本に来て初めて国らしいところを見出すだろう。

子　まあ、そういえばそうだ。

父　ただし、政治の状態その他においては、大いに憂うべきものがあるから、この憂うべき状態は、日本民族の自覚を呼び起して、さらに新たな一大進歩をなす原因になるだろう、と希望をもって考えもするんだが……。

子　希望じゃなくて、そうじゃないのですか。この前の乱闘国会なども、かえっていいことじゃなかったのかな。

父　そう、それで国民が反省し、あるいは国会が反省して、暴力のない健全な国会ができることになればいいがね。いずれにしても反省する力があるか、どうかだね。

子　いまおっしゃったように、戦後十年の回復の仕方をみれば、わが国民にその力ありといえますね。

父　それは、ありとみていいよ。東洋の名もない一孤島から起って、一世紀にも足りないうちにね、五大国の一つになった歴史をみても、日本民族は優秀だよ。そしてまた、イギリスやアメリカを向うに回して大戦争を起して、いたるところで暴れた。

子　暴れたですよ。まさに大暴れだ。（笑）

父　その大暴れだが、南洋あたりで大いにアメリカの海軍を悩ました。だから、その日本の本土を占領するのには相当の反抗があると予想したのだね。約五十万の人間が殺されると考えておった。

子　百万じゃないの？

父　ところが、それが、詔勅でピシャッと日本の方向が決まった。決めた日本の国民もえらいが、しかしながら五十万は死ぬだろうと思ったのに、マッカーサーは身に何一つ武器を持たず、単身やってきて一兵も失わなかった。そうして日本の占領を終ったのだ。これは非常に奇跡といわざるを得ない。こうした中に終戦を迎え、そうして、これが新しい日本の発足点になったということは、日本の民族史において一つの誇るべきことだ。故鈴木貫太郎大将（註＝終戦時の総理大臣、イタリアの終戦宰相バドリオに擬されて、日本のバドリオといわれながら、難局に処した。二・二六事件に襲撃をうけて重傷を負いながら危く助かったことは有名である）が、わたしにこういわれた。「戦さは勝ちっぷりもよくなきゃならないが、負けっぷりもまた大事なのだ。しっかりしろ」とね。

子　ソレ、戦時中のことですか？

父　いや、わたしが外務大臣になった時だ。終戦で東久邇宮内閣が生れて、外務大臣にひっぱり出されたんで、鈴木さんにごあいさつに行ったら、そういう忠告を鈴木さんがいわれた。

子　負けっぷりをよく、とね……。

父　味のある言葉だよ。相撲でもだ。汚ない負けっぷりをするヤツもいるし、きれいに負けるヤツもいて、負けっぷりがいいとまた一つの人気が出る。そういうもんだよ。そりゃ相撲と国の戦争というものは違うけれども、勝ち戦さでムヤミに乱暴狼藉をやるヤツは勝ちっぷりがよくない。また、戦さは負けたにもかかわらず、悪あがきをして、無謀な戦争をつづけるのは負けっぷりが悪いんだ。

子　ゲームをうまく負ける、とかいう英語の言い方がありますね。われわれは大体うまく負けたんでしょうか？

父　うまく負けたという点は、これは自慢になるか、ならぬかはわからないが、負けっぷりはよかったと思う。

子　鈴木貫太郎さんのいわれたのはいい言葉ですね。そういえば、負けっぷりにはだれも文句いう人はいないでしょう。

父　いや、そうでもないがね。われわれとしては文句はあるのだが、大体においては、そう負けっぷりは悪くなかったろうと今でも思っている。

子　そうだと思う。

父　だから、アメリカの方としては、日本に味方して無理な要求はあまりしておらない。講和条約においても、現金賠償でなく、役務賠償にしたのは考えてみての言い草だろうと思う。

子　負けっぷりのよさ、か。(笑)

父　フランスも、一八七一年の普仏戦争の負けっぷりなどは悪くなかったよ。だから二、三年のうちに見事に回復してしまって、ドイツの方じゃあ、フランスが再び起って敵国になりやしまいかと恐れた。早く叩いてしまわねばと焦ったくらいだった。由来、勝ちっぷりをうまくやるというのはラクだが、負けっぷりというものは、そうた易く行くものじゃないよ。

マッカーサーの思い出

子　あなたね、よく紋附き姿でマッカーサーに会いに行ったのじゃありません？　たしかに、新聞か何かの写真でみたな。

父　いや、そんなことないよ。

子　モーニングですか？

父　裸じゃ行かれないからね(笑)。和服でも行かなかったよ。

子　そうか。(笑)

父 いまでこそ和服を着ているけれども、あの当時は和服を着るのは悪かった。大使館に行ってみたら、そこのボーイが紋附きを着ていたから、紋附きを着て行くことは決していい感じを与えておらないと思う。相手方が洋服を着ていて、初めて対等の話をする気になる。和服じゃ不愉快に思うだろう。

子 そこまでは考えなかったな。

父 細かいところを注意しないとね。(笑)

子 マッカーサーは?

父 マッカーサーは、失礼な態度をとらなかった。始終キチンとしていて、決して戦勝国、あるいは先輩のような、そんな尊大な態度はとらなかった。

子 そうですか。

父 そうなんだ。それはずいぶん注意していたな。それのみならず、マッカーサーには、日露戦争の時にオヤジの方のマッカーサーがフィリピンの総督だったか司令官をしていてね、満洲を視察に来たことがあり、このころ中尉だったムスコの方のマッカーサーは、乃木大将や東郷大将にも会った。その印象が彼のアタマに残っているんだ。東郷大将、乃木大将というのが、彼にとっては日本の一つの標準になっている。だからボクは彼に会ってね、いってやったことがある。「あなたの考えていた日本は古い日本で、いまの日本は、あなたの考えているより悪い日本だ」とね。それくらい彼は、日本及び日本の軍人は高潔な人間で、決してワイロをとったりする武人ではないと、非常な敬意を払っていた。中尉が大将に会えば尊敬するだろうが、とにかくマッカーサーの頭の中には、幸せなことにはいい日本が入っており、日本に来た彼も、決して日本を軽蔑して考えておらなかった。日本は負けた以上はサッパリと負けたに違いない。そう思って、彼は厚木に降り立ったときも、身に寸鉄も帯びずにやってきた。そしてその時、日本の将校が武装をしているのをみて、ピストルなぞ持つなといって、そういうのを解除させた話があるくらいだ。われわれに対しても、威張った態度を少しも見せたことがないし、それどころか、日本を導いてやろうという親切な気持でもってわれわれに対したと思っている。それが、われわれのマッカーサーに対して敬意を表する所以だ。

子　陛下に対してはどうだったのかな。陛下が、マッカーサーのところへ行かれたと新聞に書いてあったのを思い出すんだが……。

父　それはね、決して傲慢な態度ではないんだ。逆に尊敬の念をもって、言葉は悪いかもしれぬが、ちょうど自分の家の親しい親戚なり、自分よりも若いけれど、尊敬すべき人というような態度をもって対したようだ。

子　そのとき、あなたもいらしたのですか？

父　陛下だけだ。通訳はだれがしたのだったかな……。

終戦の日を迎えて

子　終戦記念日が又やって参りますが……。

父　終戦の日を迎えて、考えなければならぬことは、今後どうするかということだ。終戦から早くもひと昔、日本の復興というものはよく出来た。終戦当時の、あの、ほとんど廃墟にも等しかった東京その他の街がここまでよくも復興するとはだれも考えなかった。われわれもむろん考えなかった。こういう経過からみても、日本の力というか、わが民族が、相当の能力を持っていることが考えられる。そういう民族の能力、それをさらに一層発揮して、昔の日本以上に復旧するには、どうすればいいか、ということをまず考えなければならない。ところが、いま指導階級というか、政府というか、どうもその考えがわれわれにピンと来ない。むしろ、考えが後退したと考えられるフシがずいぶんと多いのだ。例えば、この間の、アメリカ軍司令部の日本撤退だが、これをいいことだとして、やがてこれが、アメリカ兵すべての撤兵となれば非常に結構なことだといっているが、これなどは実に馬鹿な話だと思う。われわれが苦心をして、日米安全保障条約をつくった理由は、日本の自力でもって日本を守るということは、非常な努力が要る、非常な財力が要る。努力、財力を尽しても果して出来るかどうかわからない。アメリカにしてもソ連にしても、今日の軍備を持つに至ったのは、戦勝の結果によるのだ。多年の蓄積した力によるのだ。負けた日本が、そのような軍備を持つことは到底不可能だというのが専門家の率直な見解だ。今日は、集団防衛の時代で、イギリスでも、フランスでも、またアメリカでさえも、自由国家群が集って相互協力、援助で自国防衛をなすのであって、一国の独力をもって自国を守っている国は一国もない。イギリスにもアメリカの航空隊がいるし、フランスにもドイツにも他国の兵隊がいるが、だが、基地がどうだ、反対だとかいうようなけちな子供くさいことはいっていない。よその国の兵隊が、自分の国を守ってくれ、他国を自分の国の兵隊が守る。お互い様なのだ。不名誉でも何んでもない。くり返していうが、一国が自分の独力でもって、自分の国を守ろうという時代は過ぎてしまって、国の集団で防衛をなすべき時代になったんだ。その集団の一国が、他の国の基地を自分の国に置いていても、ちっとも恥しいことでもなんでもない。かえって、一面からいうと、よその国は日本が頼むに足るからして仲間に入れたということだ。そして一緒になって防衛をやる。日本としては、仲間に入ることによって、日本自ら自分の国の安全を守るというように考えるのが当然なのだ。それをアメリカの兵隊が入っているのがイケナイという……。昔は外国人が日本にはいってきてはいけないといったものだ。日本人の考え方はまるで、鎖国の昔に逆転しつつあるわけだ。

子　そうすると、米軍司令部が朝鮮に移ったというのは……。

父　事実はどうか知らないが、ああいう風になった原因は、アメリカが、海外に出している兵隊を減らす目的だとか何とかいっているが、いずれにしても、移す必要があったには違いない。それが何か、邪推して考えれば、日本頼むに足らず、あるいは、エコノミストが書いていたように、鳩山内閣になってから、西洋のいう意味での政府は無くなって、無政府状態だという、そういう不安定な国に兵隊なぞは置いておけない、ということになる。アメリカのハースト系新聞に極東通信として日本の政情は甚だ不安定だと報道している。アメリカの資本家にしてみれば、米国の兵隊がいるからこそ、安心して日本に投資するということもあろうが、そういう兵隊を敵兵でも去ったように喜んでいるんでは、何の意味だか、われわれにはわからない。われわれの苦心して作った安保条約というものは、全く水の泡になりつつある。もう少し日本の政治家が大人らしくなり、国際的知識を持たないと、列国の間に伍して国際的にエラクならないのみならず、共産主義国に侵入併呑されるような危険があるというも過言ではあるまい。

〝戦力なき軍隊〟の意味するもの

父　日本からアメリカの司令部が移るのは、やがてアメリカ軍が撤退するはじめだと喜んでいるものがある。わたしは、わが保安隊は戦力なき兵隊だといって攻撃されたが、わたしはアメリカの兵隊によって戦力は補われて、日本の保安隊自身には戦力がない。事実、そのための武器もなければ、という意味での戦力なき軍隊といったのだ。戦力を持つことは禁止されているから、アメリカの兵隊によって国を守るだけの戦力を補う。またアメリカの兵隊が日本におれば、アメリカの資本家も安心して投資する。日本はアメリカの資本によって産業の復活をはかる。日本としては、乏しい資力を補うためにもアメリカの資本を歓迎しなければいけない。またアメリカが、日本に資本を注ぎこめば注ぎこむほど日本の安全は保障される。アメリカの兵隊がおって、それによってアメリカの資本も擁護するというわけだ。こういうことなのに、ヤンキー・ゴー・ホームという俗論にこびて、そして日本の防備は次第に弱いものになる。どこの国だって集団防衛をやっておる。外国の兵隊が自分の国を守って居るからとて石をぶっつけたりゴー・ホームとはいわない。国が大人になっていればいるほど、外国の兵隊と一緒になって防衛するのだ。それを無智の人気に投じて、ヤンキー・ゴー・ホームなどという。その一方で鳩山などは再軍備のために憲法を改正するという。そうなると、軍人の遺家族や、その他の人たちなんかも戦争の苦難のむかしを思い出し、不安を感ずる。自民党に対する支持が自然少なくなるのは当然である。自殺的行為だよ。思わざるも甚しいと思う。大切なことは、日本は軍備を持たない以上、国際知識によって日本を守る考えをしなければいけない。集団防衛で、共産主義より国を守る決心をすることだ。その国際知識があまりにもないのだ。

子 そうだな。イギリスあたりは、サスガに平気だ。

父 アメリカ軍がいる、ということもとくに言い立てないだろう。事実は、航空基地もあるのだ。フランスだって、ドイツだってそうだ。

子 西独が徴兵令をしきましたね。

父 そうだね。その徴兵をやっても、なお、アメリカの兵隊にいてもらいたいといっている。ヨーロッパから帰ったばかりの人がいっていたが、ソヴェットの大使館ができて、サテどんなことをしているか、ただアメリカの資本排斥をやっているらしいという。西独の実業家のところに行って、民族資本ということをしきりにいっているらしい。あっちにもこっちにも例の微笑外交で、そして民族資本という考え方を注入しようとしている。これは、とりもなおさずアメリカ資本を排斥しろということで、アメリカと西独の関係を悪くするために民族資本をふやせといっている。ソヴェットは、民族資本とか、民族軍隊とかいって、アメリカとの関係を悪くするため極力努力するのだろう。西独には、東独の共産政治を目前に見て、日に数百数千という東独よりの逃亡者が来る。共産政治の害毒は西独民にはあまりにも明らかであるのだ。そこで、日本の場合だ。日本国民は共産主義国に対し、全く無知識で無感覚だ。日ソ交渉についても同様である。サケマスと南千島の交換ではない。国が赤化するか、衛星国になるかならないかの民族生死の問題である。交渉は普通の場合はギブ・アンド・テイクだが、日本は千島をよこせという。サケマスをとらせろと要請する。しかし、ソヴェットにやるものは何もないのだ。ソヴェットの望むのは、一に大使館の設置で、他の国の場合と同じようにアメリカとの関係を悪くして、日本をソヴェットの方に近づけようという意思に違いない。自由日本を、赤い衛星国とするために国交再開を歓迎するなどとはバカの骨頂じゃないか。日本の政治家は、俗論にこびて人気を得ようとする。民主政治だから、ミーチャン、ハーチャンを敵に回して喜んでいるのもバカな話だがね……。(笑)

子　新聞にスッパ抜かれて、困ったことがあるでしょう。

父　ずいぶんあった。が、忘れちゃったよ。スッパ抜かれて困っても、一晩寝ると忘れてしまうんだ。(笑)

子　そんな程度だったかな。

父　重光君が外務大臣で、例のミゾリー号降伏条約調印のあと、マッカーサーとの話が新聞に載ったものだから、マッカーサーが重光に会わないといい出して、重光君は辞職せざるを得なくなった。

子　それで、あなたが外務大臣になったのですね。

父　それで、わたしのところに迎えがきた。書記官長だった緒方君から回された自動車に乗って東京に行く途中、藤沢をすぎると松並木があるだろう。あすこに兵隊が二人立っていて、わたしの車を止めた。夕方でもあるし、こいつはドロボーだろうと思ったんだな（笑）。というのは、八月に終戦になり、九月の初めにアメリカの兵隊が来た。その、来て間もないころなのだ。それが大男で車を止めたから、これは時計くらいは取られるだろうと思って、ともかく「どうしたんだ？」ときいた。そうすると「道に迷って横浜に帰るのがわからない。車に乗せてくれないか」という。乗せてやったが、ピストルでも出しやせんかと思っていると、出すのは出したがピストルじゃない。片一方のが、「タバコを吸うか」、そうするとこっちのが「チューインガムを食うか」と非常に接待してくれる。（笑）

子　もらわれた？

父　もらったろう（笑）。この場合、アメリカ人にすると、非常にうれしかったのだろう。

その当時というと、アメリカ兵というものはどういうものであるかがわからないので、たとえば、横浜などでは女子供がみんな逃げてしまっていた。そういうところに来た兵隊だからね。こっちはドロボーされるんではないかと思っていたのに（笑）、その代りにご馳走してくれたのだから、意外な気持だったと今でも記憶している。こういう風であるから日本人もＧＩに好意をもつ。アメリカに帰ったＧＩは、日本はいい国だと紹介する。米国人の対日好感は日本から帰ったＧＩの宣伝に負うところ少なくない。

子　そういうこと、ずいぶんあるようです。

ハンコ族を整理すべし

アメリカ人の忠告

父　しかし、一九三四年か、前にも話したが、わたしが欧米を一回りしたときだ。アメリカでハウス大佐の紹介でニューヨーク・ヘラルド・トリビューンの社主ミセス・リードを訪ねると曰く、「あなたは、日本人がいかにアンポピュラー（不評）であるか知っているか」という。「ニューヨークのストアーで、日本の品物を売っている店は一軒もない。それほど悪いのだから気をつけろ」といった。これは、親切でいってくれたので決して脅かしではない。ちょうど松岡の国際連盟脱退の後で、よほど対日人気が悪かったのだね。それからボストンに行って、やはりハウス大佐の紹介で、当時海軍長官だったアレキサンダーを訪ねたところ、折から丁度ハーバード大学のプロフェッサーでラウェルという人が室に入ってきた。はいるなりわたしに、「日本の政府のステートメント（声明書）みたいなウソ八百のステートメントを見たことがない」とどなる。かりにも大使という格で行っているのに、大学総長がこういう調子でケンカを吹っかけてこられると、こっちも何とかいわざるを得ない（笑）。とうとうケンカ別れをしてしまったが、ワシントンに行っても優遇されなかった。その時の大使は斎藤博だったが、彼は昔どこかでルーズヴェルト大統領と懇意になっていたので、オランダからワシントンの大使に任命されて行くと、国務省とは悪くても、ルーズヴェルト大統領に直接話をしてどうにかやれると思っていたらしい。ところが、それがまた国務省のシャクにさわって、国務省とも工合がわるい。しょうがないから方々を演説して回ったが、これもあまり評判がよろしくない。ちょうどそのころ、わたしがカナダからニューヨークに着いたのだが、その斎藤がワシントンから来ていた。そして、歯を抜いて弱っているというんで、「どうせロクなことをいって歩かないからウマク行かないんだ、舌を抜いたらいいだろう」といってやった。（笑）

子　その点は、ずいぶん違ったようですね。

父　これがいつまでもつづくかね。いまのように、アメリカの兵隊は早く去ってくれというような態度では、だんだん悪くなってしまうだろう。

子　いや、ハナシ家との対談をなさいましたが、あなたのハナシ好きも定評になった恰好ですね。

父　ハナシ家じゃ面白かったことがあったな。小さん、先代の小さんだが、あれをうちに呼んで一席きいたのだ。ところが、その翌日ね、会があったので出向いたところ、そこでまた現れ出たのが小さんなのだ。奴さん、始めたのはいいのだが、前の晩にうちでやったのと同じのをやり始めたのだ。前の方に坐っていたがね、ツイ大きい声で「同じことやってるな」っていってしまった。(笑)

子 おどろいたろうな。

父 本来は、あまり驚かないやつだがね、その時はあわてたらしい、ツイ話がメチャクチャになってしまった。まことに気の毒なことをしてしまった。(笑)

所得税は高すぎる

子 あなたのおっしゃるエコノミストの論文ですね、あれを書いた人を知っているんですよ。東京特派員だったヒューズという人です。あなたも知っていらっしゃるはずです。外務大臣のころかな。嘆いてましたよ。ずっと東京にいるつもりだったところ、一種の極東支局長という立場に昇進したら、香港にいろといわれちゃったって……。

父 外国人がだんだん所得税の問題などでも日本を引揚げつつある。これなどは全くバカな話だ。大蔵省などは、少数の外国人にも税をかけないと、日本人と釣り合いがとれないからとかいって課税するんだそうだが、せっかく日本人に接触して日本を紹介したり、日本で商売して金を落して行くような人間を追っ払っている。金の卵を生む鶏を殺しているという恰好だ。

子　それは多いようですね。

父　外国人がいうように、所得税の課税の基礎が違っているんだよ。

子　外人値段というのがあって、外国人は日本人より高く買っている。食べるにしても、飲むにしてもです。それを考えなきゃいけないのだな。

父　それに日本の場合は、重役など自動車も会社持ち、そのほか色々なものを会社に押しつけておいて、入るものはみな自分の収入にする、そういうやり方じゃないのか。……。（笑）

子　外国の特派員などは、自分らは車を持たないと仕事にならないから車を持つ、そうすると税がかかる。車を持つことが所得の標準になるんだといって、こぼすわけです。

父　生活の方法が違うのだから、課税の標準も考えてやっていい。一体、日本では所得税が高すぎるのだ。これはシャウプが来て直接税主義にしたからだ。シャウプという人は学者で、その自分の理論を実行に移してみたいと考えたようだ。悪意でも何でもない。ただ自分の研究を実際に施してみたいということからして、この学者的野心というか希望というか、それを加えて日本の税制を調査し、また実行したきらいがある。われわれとしては、その時も大分論議したのだけれども、せっかく頼んできた学者の意見を重箱のスミをほじくるようにして、ピンプリッキング（ピンでつっつく）な仕打で、実行を妨げることは、日本国民の面目にかかわる。独立したら、その時は当然直してやろうと思って受入れたこともある。しかし、この間きいたのだが、附加価値税だけはとうとう実行しなかった。

（附加価値税法案は、労資両面の反対の中に二十五年成立。二十六年より実施となっていたが、以来実施年度ごとに延期となり、二十九年ついに廃案となった曰くつきのもの。理想案としてはともかく、日本の現実に即しては疑問を持たれていた）

いずれにせよ、従来は間接税主義でやっていたのを、この時以来、直接税主義にしてしまったわけだ。イギリスあたりでは、所得税は戦時とか、非常な時の財源としてとっておき、なるべく間接税主義でやっている。

子 たしか、海軍はビールの税でまかなっている。

父 なんとしても、税を安くしなくては資本の蓄積はできない。個人所得にしても、とくに日本の税制というのは上の方が高くなっている。中産階級以上が高いのだな。

子 昇給しても、税金を考えると、ウンザリしてしまって、全然興味がなくなるという声も多い。（笑）

父 そういうことだと、中産階級撲滅のために、日本は所得税をつくっている（笑）ということになるのだから、これは日本のタメにならない。税を安くするためには歳出を一層注意し、重要視することだ。民主政治になって、しきりに補助金、補助金という。日本の補助金は、種類も金額もあまりに巨額に上っている。そこで、農林省の若い事務官が大それた横領をやるようになる。これなどは、補助金制度の悪弊をよく物語っている。補助金は、なるべく少なくしなければいけない。税を安くするためには、まず支出を少なくすることだ。補助金を少なくすれば、それだけ税金も安くなるというわけだ。

子　若い役人の罪人も少なくなります。(笑)

父　民主政治になってから、議員が自分の選挙区を擁護するために、始終補助金をねらっている。北は北海道から南は九州のはてまで、村長さんたちが絶えず東京に来て陳情するというが、こういう陳情運動のため、地方は村長らの旅費でもって金をとられる。こんなように、色々な方面に影響を及ぼしている。それから、もう一つ今までなかったことは、知事選挙だ。知事になるために何千万円使ったというような話もきいたが、これなどもいつかは県民の負担になって現われてくる。なるべく負担を軽くして、国民生活を安定させるようにしむけなければならない民主政治が、事実は逆に行っている。こういう悪弊は、絶対に改めなければならない。いわんや再軍備なんてとんでもない話だ。一部のごきげんをとって、再軍備するといったんで、自民党は参議院選挙に負けてしまったじゃないか。

子　戦前の補助金というのは？

父　あることはあったけれども、いまみたいじゃなかった。中小企業補助とか土木事業、学校、病院等はいまはみんな補助金だ。大変だよ。補助金の少ないのは外務省くらいなものだろう。

子　ホウ、外務省には少ないんですか。

父　補助金がないから、昔から利権というものがないところだった。たった一つ、日魯漁業でカニ缶詰があった。だから外務省の官吏の子供の——学校のお弁当がいつもカニの缶詰でね、終いには学校の同級生から、またカニかといわれて（笑）、子供が母親にカニのおかずはご免こうむると抗議をしたというのは実話だ（笑）。そういうのが唯一の利権だったのだが、ほかのところはたくさんあるさ。しかも、免職になれば、その関係会社の重役や総裁にしてくれる。しかし、外務省には何もないから行くところがないのだ。

子　そういえば、外務省をやめて参議院や衆議院に立つ人はあまりないようですね。

父　利権がない。そういう収入もないから立てないだろう。ぼくらみたいなものは特別で、自分のふところでやっているのだから……。（笑）

子　石井菊次郎さんなどは、ずいぶんみじめな死に方をなすったですね。

父　終戦の年の五月二十五日だったかにやられた。青山あたりだったろう。空襲で焼け出されて、煙に追われながら街の方に逃げられたということだが、とうとう……。

子　それまでも、非常に逼塞した生活をしていたとききました。

註　石井菊次郎氏は元外務大臣、子爵。外交界の長老でもあった。

減税は可能なりや

子　ところで、また税金のことですが、シャウプ氏の時は、二十五年……。

父　社会党内閣のあとの吉田内閣のときだ。ドッジ氏も来たが、あれは主として予算のためにやって来たのだ。

子　さきほど、日本の重役は自動車なども会社持ちとおっしゃいましたが、ある経済評論家などは、重役のサラリーを上げろといっていましたよ。安すぎるとね。

父　逆にいえば、税をもっと安くすればいいということにもなるだろう。税でいままで賄っておったやつを、公債策で賄うのも一策だろう。公債にしても、つまり生産的な経済復興になるのなら、必ずしも悪くはないだろう。インフレにもならないだろう。生産のためでも公債で行くと直ちにインフレになるというのは、どうだろう……。

子　生産はずいぶん上っているらしいが、とくに造船なんかが。

父　日本の造船景気は、世界の景気がよくなったから日本にも来ているのだ。盛んになったのは、世界の景気がよくなり、海運事業がそれに伴って活発になった。それで造船ということになったが、欧米の造船所が悉く引受けるわけにはいかないから、余っている日本の造船台に注文が来るというわけだろう。つまり、それでうるおっているのだ。

子　日本の造船能力の優秀さも認めてというわけでしょうか。

父　それもあるだろうが、幸いブームが来た。ところが、ちょうど日本の船台が空いていた、ということじゃないか。主たる原因はこういう国際的な余波で、日本固有のものではない。

子　瀬戸内海にある因ノ島の造船所に行って、外国の注文が多いということをきいたので、つい造船の話に入りこんじゃったのですが、それよりも、何とか税金を安くしてほしい（笑）。減税対策に戻りまして、何とか名案はないものでしょうか。

父　名案の第一は、役人を減らすことだろう。だが、この行政整理をしようとすると、一番先きに反対してくるのが各省だ。何人減らせというと、東京では減らすがその分を地方の出張所などに持って行く。なかなか整理ができやしない。われわれの時の整理が唯一の成功だったろう。それにしても、はじめは非常な規模でやろうとしたのが、ハッキリは忘れたが、最初五十万くらいの予定がだんだん縮小して、二十万になったか、達しないかになってしまった。いまは、役人の数が非常に多くなった。税金を安くするには、補助金をなくすことも一つだが、この役人の数を減らすことも一つだ。そうして、またそのためにも、官吏の執務の方法というものを考えなければいけない。よく、許可だ、認可だというが、そのたびごとに役人が多くなる。この役人が多いだけ手続きが面倒になっているわけだ。その手続きを簡素化して、届出などの手続きも数を少なくすれば、非常に能率的になって役人の数も減らし得る。

子　最近、ハンコ族という新語もきかれますよ。(笑)

父　役人の数が多いから、よけいにハンだけ押すことになるので、こうなると、押す方でも大がい面倒になってロクなことを相手にもいわない。中にはコミッションをとってやろうなどというやつも出るわけだ。

子　事務の繁雑というのも、汚職の温床ということですね。

父　そう。だから、もっと簡素にして、役人の数を減らさねばならないのだが、はじめ減らしても、そのうちにまた、いつの間にか知らない間にふえてしまう。これは、大臣なり局長なりがよく考えなければならないことだ。少し打っちゃっておくと、すぐ面倒になってしまうのだが、これは一つ改革しなければいけないね。外務省などは、終戦直後、七、八千人いたのを千五百人くらいにした。これは非常の英断か、暴断かだ。

子　そんなに？

父　たしか、そうだ。在外公館が一ぺんになくなってしまったんだから、新しくスタートからやり直しだったのだ。

子　しかし、ずいぶん減らされたんですね。

父　敗戦の時だよ。それくらいのことはしなければいけない。しかし、うらまれたよ。

子　あなたの時ですか。

父　ウン。たしか四分の一にした。止むを得ないことだが、またそういう時にやらないと、やる時がないと思う。そのつもりで各省ともやってくれればいいが、それがなかなかなんだ。初めは「よし」といっても、局長や課長が反対して、予定の半分にも行かなかった。

子　結局、役人が役人を整理する以上、思う通りには出来ないのじゃないのかな。

父　それから、官業を減らすことだね。官業は存外ある。これも、なるべく少なくして民業に移して、役人を減らすことを考えるべきだ。また予算の伴う法律は、政府の、大蔵省の承認を受けなければ国会に提出しないということになっていたのだが、このごろ、どんどん予算を伴う議員立法がふえてきて、めちゃくちゃとはいえないかも知れないが、大蔵省の全く知らない間に予算を伴う法律が出てきておる。これなどは、大蔵省が極力阻止しようとしているけれども、どうもね。まさに逆転だよ。

子　きょうは、暗い話が多いな。

父　世間でいっているように、中気の総理大臣がおれば、暗くもなろうが、鳩山の悪口はよした方がいい。

子　きっと、そうおっしゃると思っていた。

近衛公の部屋

三木武吉と徳田球一

子　亡くなった三木さんですね。あなたとは非常に仲が悪かったように世間でいわれておりますが、最近こんな話をきかされたのです。総裁時代に、石橋さんと河野さんを除名したことがあった。

父　覚えていないな。

子　その時、三木さんがカンカンになって、あなたを訪ねてこられて話合われた。そうしたらあなたが、「君、それは水に流そう。あれはなかったことにしよう」といわれた。

父　あまり懇談したことがないよ。

子　三木さんはその後、あるジャーナリストに「えらく感服した」と語ったということが、死の直後の会合に出て、お二人の間柄について、三木という人は悪意どころか……。

父　忘れてしまったがね、いつか三木が二つの事件をもってきたことがあった。一つは執行部を変えろというやつで、もう一つは河野除名かな、覚えていないが。執行部の方は、理由なくして変えるわけにはいかない。君一人の意見で変えるわけにもいかぬ、いやだといって断ってしまったが、もう一つは賛成してやった。三木はね、わたしに対して決して悪意を持っていなかったというのは、あれは、わたしが高知から立候補した時だ。松山だったか、高松だったかで出会ってね、高知というところは危いところだ、少し長くいると足をひっぱるから止めたまえ、オレの選挙区をやろうと彼からいわれた。しかし、わたしとしては、そこで急に変えるわけにもゆかんし、高知の方はよく知っているからして有難く辞退したことがあった。人のいうように怒鳴りこまれたり、そういい合いしたこともない。

子　ところで、問題の、自民党はどこへ行く、ですが、一体どうなりましょう。

父　占いじゃないから（笑）、何ともいいえんけれども、このままじゃあね。自民党としては、第一、政策を立てて行かねばいけない。政党のくせに、政策を立てないで、話合いでもって、ヤミ取引でもってやるというやり方はよくないと思うね。日ソ交渉でも肝腎の政策を立てず、ヤミ取引で佐藤を出したり、重光に替えてみたり、そういうやり方は国民には納得が行かないだろう。ということは、つまり暗い政治だということになる。堂々と政策で合致すれば採用するし、合わねば捨てるということでなければいけない。

子　ヤキモキなさいますか？（笑）

父　ヤキモキなど、しないよ。どうしようもないさ。わが党は、佐藤（栄作氏）と二人だからねえ。（笑）

子　ああ、そうだ。チョッと忘れてましたよ。（笑）

父　つまり、ウチはごくしっくりいっているから、ケンカもしなければ、怒鳴りこみもしやしないさ。

子　党の名前は？（笑）

父　目下、考えているのだけれども、あまり党員が多いものだからねえ。

（つまり、愉快な対談。このあたりは吉田さんがお好きだというハナシ家の楽しさもある）

子　そうなると、国会では無所属ということになるのですか？

父　無所属で、わたしらのところには共産党が一緒だ。わたしと佐藤が一番先きにおって、その次ぎに共産党を持ってきてある。

子　志賀義雄さん？

父　しらないけれどもね。

子　そういうことになってから、そこに坐ったことがありますか？

父　ない。

子　徳球ね、死んだ。あの徳田球一さんとは仲がよかった、なんていう話もありましたね。

父　懇談したことはないけれども（笑）、吉田自由党が野党だったとき、共産党もまた野党で、よく自由党の控室にやってきた。それで「君いつ自由党に入った」とか何とかいったことがあるが、いかにも無邪気な人だった。国会でもって彼が演説するときは、われわれ、といっても組閣してからだが、その閣僚席の前に来てパッとこっちを見て、「きょうはやりますよ」といって脅かすのだ（笑）。そして、その演説がすむと、「どうです。まいったでしょう」といって引揚げて行くのだ。その代り、演壇では毒舌をやってね。しかし、決して私事にわたったことをいわないんだ。あれは感心だったな。

子　フーン。

父　かつて、星島（二郎氏）が、誰かから金を出させて、それを自由党に出したか、出さなかったか知らないが、とにかく、わたしから礼状を書いてやったことがある。ところが、これが問題になって査問会が開かれたことがあった。社会党は、何とか委員会でしつこく色んなことをきいたよ。たとえば、わたしの財産は住友信託にある。そこへ行って財産調べをしてきて、実にしつこく失敬なことをいったが、そういう時に徳田という男は、横を向いて一言もいわないんだ。そんなところは紳士らしく、感心な人だと思った。いまでも悪い印象はない。演壇に立っていうことは、はなはだ面白くないけれども……（笑）。わたしが、日本の政党の人たちにいってやりたいのは、わたしがイギリスに行ったとき晩餐会があった。それはチャーチル首相の会で、その席上に、アトリー氏以下数人の労働党の人たちを呼んでいた。日本の総理大臣が来たというので、閣僚以外に労働党の人を四、五人呼んでいるわけだ。そして食事がすむと、チャーチル首相がわたしに、「君、アトリー君を知っているか」といい、「話したまえ」といって連れて来て紹介してくれるのだ。意見が違い、党がちがっていても、こういう時は呼んで、外国から来たお客を紹介する。社交というか私交というのか知らないが、決して、目の仇にはしない。これは学ばなくてはならない。わたしも、社会党の人を呼んだことがあるし、努めて呼ぼうとした。反対党をもって、仇というような考えを持っては民主政治は破壊だ。とかく政党が違うと、仇同士になりやすいのだけれども、努めて感情を交えないように、そして各々が理論闘争をやり、つまらぬ争いはしないように行きたいものだと思う。こういう風に行かなければ、民主主義に行きはしない。このごろは少しひどいと思うね、反対党だというと……。

ウイスキー的演説

子　反対党も呼ぶ、というような附合いはないのですか、いまは？

父　よく知らないが、ないのじゃないか。わたしの時は、鈴木（茂三郎）委員長も呼んだことがあるし、和田博雄君も、そのほか多数じゃないけれども社会党の人たちと附合っておった。従って、人物もわかる。議論をしても、あの人物はこういう考えをもっていうのだ、ということになってくると、議論も自然と穏かになるものだ。いつだったか社会党の人が訪ねてきてね、その時の話から、わたしが社会党育成ということをいったとか、考えているとか、大分論議の的となったことがあるが、その人は追放を解除してくれということをいうつもりで来たのだ。わたしとしても、追放は行き過ぎだから、もっとゆるやかなものにして、社会党の人たちの追放も緩和されるようにするつもりだといった。それじゃ結構だとはなったが、いまのような論議や苦言にはならなかったんだ。頼みにくるとか、話し合いの時は堂々と訪ねてきて、単純な保守だ、革新だというようなことは、止めにしなければいけない。

子　いまのところは、大がい申入れとか、決議文とかの手交とかという形らしい。

父　感情的になっては、民主政治はいけないよ。フュード（feud 仇《あだ》うちの意味）だな。あれになってはいけない。日本の民主政治は、これから完全なものになるためには、数十年もかかると思うよ。

子　イギリスも八百年かかっている。

父　八百年かかっているというが、イギリスの民主政治はヴィクトリア時代からで、その前はイギリスといえどもあやしいものだ。買収もやればケンカもやるし、日本の国会と大分似ていただろう。殴り合いもやった。

子　あのころは、あとで決闘して、片方が死んでしまったからいいが……。(笑)

父　国会の演説だが、反対党とでも話し合っていると、演説の中にひどいことを入れるわけにもいかないのだ。しかし、死んだ尾崎行雄などは、演説している間に自分の雄弁に酔ってしまって、考えてもいないことをベラベラとしゃべりまくり、ずいぶんひどいことをいった。われわれは雄弁でないから、自分の演説に酔うことはない。ウイスキーと違ってね(笑)。それどころか、なるべく早く止めようと思っている。牧野のおじいさんも、尾崎は自分の演説に酔うやつだといっていた。永井柳太郎なんかもそうで、名演説になると、自分の雄弁に感服してしまう。もっとも、そうでなければ、きいているやつも感心しないだろうが……それをこっちは、どこで止めようか、と思いながらやっているんだ。

　　　清談だったかな？

子　総選挙の時はどうなんです？　やはり高知でしゃべるのでしょう。

父　それは二、三日はやはりやる。この前に行ったときは十日ぐらいだったかな。
子　原稿を作っておいて、しゃべる？
父　作らないよ。国会と違って速記をとられるわけではなし。（笑）
子　それは悪かった。演説は大体、原稿だろうと思っていた。
父　これも原稿なしだ。もう止そうか。（笑）
子　いや、原稿なしの方がいい。大体、読んでいらっしゃると、いかにも気が抜けてしまうんです。それにしても、あなたの演説は人気がありますよ。名人会の司会をやっている物まねの名人が、いまもつづけてあなたの声色をやっている。ラジオで放送しているのですから。（笑）
父　鳩山のは、やらないの？
子　やりませんね。
父　特徴がないのかな（笑）。この間のことだ。東京に行ったら子供が集ってきて、あれは吉田さんらしいが本物だろうかってね、しきりにやっている（笑）。それも、二、三十人にふえてね、気違い扱いだったな。（笑）
子　どちら？
父　下谷の谷中だが、まだ行けないね。しばらくすると忘れるが。（笑）

子　どうもベレー帽がいけないのじゃないですか？　みんな知っているんだから。

父　それでは止めようかな。これも先日、東京へ行くのに自動車で往復は疲れるから片道を汽車にした。そうしたら、二、三人にやられたな。吉田さん、しっかりして下さいってね。しかし、しっかりといわれてもやりようがない（笑）。東京駅で自動車を待っていたら、またやられたが、いかにも親しげにいう人もいる。あれが鳩山だったら手を振っただろうが……。

子　あまり街には出て来ぬでしょう。

父　オープンカーで出てくるだろう。ここでも子供たちが手を振って行くが、こちらも手を上げて応えてやればいいのだろうけれども、ちょっと間が悪い（笑）。大きな声で名前を呼んでくれると決して悪い気はしないんだがね。これは戦前の一九一三年だったろうね。イタリアから帰ってくる時に、ベルリンのティヤガルテンで、カイゼルが馬に乗ってやって来るのにぶつかった。何となしにこっちから手を上げたら、カイゼルも手を上げて応えたのだが、それで一時はカイゼル党になった（笑）。ああいうことを考えると、一つ子供に手を振ってやれば、みんな吉田党になるなと考えたが、どうもウマクゆかんものだな。

子　その点、日本人でも子供は自然なんだ。そこへ行くと、西洋人というものは自然と出てくるよ。

父　西洋人が通ると、手を振って「グッドバイ、グッドバイ」いっているな（笑）。しかし、これは「コンニチハ」なんだ。

子　この前、外国の娘さんから人形を無心されなすって、大分ご損をして送られた話をおききしましたが、返事がきました？

父　返事どころか、その友達というのから、わたしにも送ってくれといってきた。（笑）

子　どうしました？

父　なんしろ最初の無心のときに、その人形一つ買いに行ってね、店の重役さんにつかまったばかりに、ご接待に応えて人形をもう一つ、話をしている間に家具のことが出て、いい加減なことをいっていたら張り替えをやらせられるやら、新しいの買わされるやら大分損したから、こんどは伊集院さんに頼んで、送ってもらったよ。

子　伊集院清子さん？　あの方はいつもお作りになっているのだからそれはいい。（笑）

　註　伊集院さんは吉田家の親戚。

父　わたしが初めて荻外荘《てきがい》に泊った時だ。荻外荘は近衛公の邸だったのをわたしが借りたのだが、その最初の晩のことだ。寝室に入ってみると、フトンから枕から白ずくめなのだな。どうも近衛公の部屋らしいのだ。カヤもつっていないからよくわかるんだが、枕もとに線香が一本立ててあるんだよ。

子　あまりいい気持じゃなかったでしょう。近衛さんが自殺されたことは、まだ皆さんの記憶に新しいことだったはずだし……。

父　気持はよくないさ。もっとも、線香はかとり線香だったがね、あとで古島（故一雄翁）に話したら「近衛のお化けが出ても怖くはあるまい」というのだ。やはり、自殺の部屋だったらしいがね。

子　早いもので、もう十一年、また、そのころがやって参ります。永いこと、どうも……。

父　いや、どうも。しかしキミ、こりゃ、清談だったかな。（笑）

（一九五六年五月～九月）

親子対談

（司会）河上徹太郎

定刻目黒の外相官邸へ着くとすぐ、二階の私室へ通される。よく手入れの行届いたフランス式の庭には梅雨が煙り、机の上には雑然と積まれた書類の上に、今まで読んでいたらしい「ライフ」が投げ捨ててある。首相「今日は何の御話をすればいいんです？」河上「ことによると議会より大変ですよ」といい乍ら、一同座につく。

今の政治

河上　議会がすんで少しはお楽ですか？

首相　いや、変りありませんね。

河上　きょうは一つ政治に関係のないお話を……。

首相　何でも話しますよ。今の日本は政治的にはどうせうまくゆきっこありませんよ。それに土台、われわれがうまくやろうなんて、商売が違うんだから。

河上　だけど、こういう時世じゃ、非常に優秀な玄人の政治家でも、一体うまく出来るでしょうかね？

首相　さあ、どうですかね。玄人も素人も術を施すことの出来ない——出来ないというか、術には限りがありますからね。さあ、どうも手品じゃなし、うまくやろうなんて思っても駄目だと思うな。しかし思ったよりもひどくならなかったですね。だんだん家が出来たり、物が出来たりしてね。

河上　ええ、終戦直後はわれわれも暗澹としてたんですけれども。

首相　集団餓死もなし……。

河上　今のイギリスはどんなふうでしょうか。勝っても大分色々なものが窮屈なようですが。

首相　現在のイギリスは知りませんけれども、こないだのスタッフォード・クリップスの予算演説なんかを見ると、昨年度は八百八十万パウンドか何か、とにかく相当な余裕が財政に出来て、国民はこれで一安心、これからいい春が来るかと思ったらもう一息、耐乏生活をやれ、と言ったんですね。日本では耐乏もせずに極楽へゆこうというんだけれども、イギリスはほんとうの耐乏をやって来て、更に耐乏というんだから、国民が失望したのは当然だと思いますがね。その耐乏予算をとにかく国民が呑んだのですね。日本では、ドッジ公使に言われるまでもなく、早く自発的にああいうことをやるべきだったのに怠っておって、言われると、何とかかんとか言う……。よほど気構えが違うという感じがしますね。

河上　まあ国民性も違うけど、然し又、勝ったほうが耐乏しやすいということはありはしませんか。

首相　さあ、あるかも知れない。

河上　敗けたら、もう我慢できないといった気持になって……。

首相　まあ、言いまわし方ですかね。

イギリス教育

河上　あなたは健一君をイギリスの学校へお出しになりましたけれども……。

首相　あれはわたしよりはわたしの家内が熱心に主張しましてね。

河上　その目的は効を奏しましたかしら。

首相　さあ、どうですかね（健一さんを見て微笑）。まあ、日本にいて不良少年になるより

かよかったでしょう。(笑)

健一　でも、イギリスへいったお蔭で、この頃ずいぶん稼いでおりますよ。

首相　そうかい。親の所へ少しは持って来るといい。(笑)

健一　それほどじゃないんだけども。

河上　こういう脛の齧り方もあるんですね。

首相　それじゃ、脛を齧るんじゃありませんね。面を齧るんでしょう。(笑)

河上　あなたも学校はあちらで？

首相　わたしはゆきません。和製です。

河上　今健一君なんかがアルビヨン倶楽部というのを拵えてしきりにやってますけど、アメリカだけでなくイギリスの文化を知ることは必要だという気がするんです。

首相　やっぱり若い時に――健一などもそうですが、子供の時にその国におるのでないといけませんね。完成した人が途中からいっても、どうもいけませんね。勘が違います。例えば白洲次郎君など、外国人と話していても、それに対する勘がわれわれとまるっきり違うですね。白洲君の話を聴きながら、なるほど、そういうものかと思って感心しますがね。この勘は向うで育たなければ、なかなか出来ない勘ですね。

小説の話

河上　イギリスの小説はよくお読みですか。
首相　クリスティのものは、よく読みましたよ。
河上　今の日本の小説では。
首相　わたしは「鞍馬天狗」を読みましたがね、わたしのは寝ながら読むんでね、ここ（外相官邸——元朝香宮邸）に「宮本武蔵」だの「新書太閤記」があるんですよ、宮様の……それをひっぱり出して読んでますけれども。
河上　はあ、大家さんの書庫があるんですか。
首相　ええ。
健一　パパは矢田挿雲の「太閤記」を読んだでしょう。
首相　矢田……？　そうだったかな。
健一　吉川英治のはどうですか。
首相　あまり面白くないね。
健一　人生教訓みたいなものが入ってるからでしょう。

首相　さあ、それもあるかも知れない。もうお談義はたくさんですよ。（笑）

河上　コナン・ドイルのものなんかは、推理の形式が正確に科学的にいっておりますね。ああいうものは日本の探偵物にはございませんね。

首相　ええ、イギリス人の小説は、なかなか科学的ですね。わたしの記憶では……そうだ。ある小説にこんなのがありました。何でも沼に虫のキングドムがあってね、そこで科学者の遠征隊を出すというのです。プロフェッサーフロッグとか、これは皮肉な意味なんでしょうが、そういう連中が出掛けるんです。それで第一番に出会したのが煉瓦の建物で、これをプロフェッサー某が研究して、どうもこれは地質学上のおかしな現象だ、今まで水成岩を火成岩が突き抜いた事実はあるけれども、火成岩を水成岩が突き抜いたというのは、地質学上の大発見だ、といって一生懸命研究するんです……。判りきったものを学者がまじめくさって研究して大発見のようなことを言う。まあ、そういったものなんですが、イギリスの小説はそんなことに話題を採ってゆくのが多くて、非常に面白いと思いますね。日本の小説は多くはラヴ・アフェイアでね。いくつ読んでも同じような……。浜尾さんの子供が探偵小説家になりましたね。

河上　ええ、浜尾四郎。

首相　あの人は成功したんですか。

河上　ええ、まあ一流になりました。
健一　パパは日本の探偵小説って、お読みになりますか。

芝居と絵

首相　読んでない。――私は芝居でも剣劇なんか好きなんですよ。新……何劇だったかな。
河上　新国劇ですか。
首相　ええ。新国劇はよく見ました。もう十年ばかり見たことないんですけれども。
河上　じゃ、沢正も御存知ですか。
首相　や、辰巳……。
河上　こんど有楽座で「大菩薩峠」をやるそうですよ。
首相　そうですか。――しかしそんなものを見にいったら、いよいよ保守反動になりますね。(笑)
河上　じゃ、前進座ならいいでしょう。前進座は御覧になりますか。
首相　一度も見にいったことありません。話は聴いたことがありますけれども。
河上　大河内伝次郎とか阪妻なんかは……。

首相　ああ、活動写真ですか。あんまり見ません。
健一　阪妻なんて御存知ないでしょう。
首相　バン……？　知らない。
河上　じゃ、お疲れをやすめるのは、大体何ですか。
首相　寝ますね。尤も睡れなくて困ってるんですけれども。
河上　武道のほうは何かなすったんですか。
首相　いや、何にもしません。子供の時に親父に撃剣で殴られて以来、しないことにしています。
健一　馬はずいぶんお早いんでしょう。
首相　馬は乗ったけれども。
河上　絵はお好きですか。
首相　嫌いじゃありません。
河上　日本画と洋画では。
首相　そうですね。やはり西洋画のほうがよかありませんか。日本画はあまり見ないから知りませんがね。（壁の油絵を指して）これなぞは悪くないでしょう。
健一　筆者はドイツ人ですね。

首相　西洋の絵のほうが深刻じゃありませんか。日本の絵は、大家のものをあまり見たことがないけれども、すこし薄っぺらのような気がしますね。

河上　字は誰の字がお好きですか。

首相　いや、誰の字ということも別段ありません。

健一　パパがお書きになる時、お手本があるんですか。

首相　いや、ない。

河上　独創的だよ。「おせん泣かすな」というのが御得意でね……。（笑）

健一　パパに書いていただいたお蔭で、僕の家の表札、非常に立派ですよ。

河上　清水崑に時々お会いになるようですね。

首相　ええ。こないだ本を貰いました。

河上　「政治漫画集」ですね。ああいう画について御感想はおありですか。漫画というと、日本には余り伝統がありませんし、イギリスには「パンチ」というものがございますね。とにかく僕は清水崑は今までの日本の漫画から一歩抜け出しているんじゃないかと思いますけれども。

首相　わたしもそう思いますね。然しこれは素人の感じですが、どうも深刻さが足りないと思います。もう少し、深刻である所は深刻にやっていいし、寛大に書いていい所は寛大に……。どうも中途半端だと思いますね。もう少し深刻に徹底するか、或いは寛大に徹底するかちょっと中途半端な所があると思います。

河上 それはもうそちらのほうが玄人で、清水君が素人です。だから遠慮があるんでしょう。それはよく伝えておきましょう。

新聞記者

河上 新聞記者の批評を伺えないですか。例えばイギリスの新聞記者と日本の新聞記者と、あたりがどう違うか、というようなことは……。

首相 それはよほど違いますね。例えばイギリスの新聞記者は、会いたいといって強制するようなことはない。ぜひとも会いたいと玄関でもって怒鳴るようなことは無論ありませんね。そして会ってインタヴューをすれば必ず原稿を見せて校訂することを要求して、その上で発表する。日本では大概そいつはしませんね。文責記者にありでね、新聞記事が云々と言われたって、受付けないんですよ。だから、わたしは議会で、新聞に何と書いてあっても、一々取消しておられるものじゃない、これに対して弁明は御免蒙るって逃げちゃうんですがね。

河上　じゃ、都合のいいこともあるわけですね。(笑)

首相　いつか、ネヴィル・チェンバレンが総理大臣の時、わたしに昼めしに来いというので、いったんですよ。テン・ダウニング・ストリートへいってみると、総理大臣官邸の入口の所を建て増ししてるんです。訊いてみたところが、いや、新聞記者室がないから、新聞記者の溜りを拵えるんだ、というんですね。新聞記者が始終入ってる部屋なのかと訊いたら、始終入っていられて堪るもんか、というんです。しかし日本の総理大臣の官邸には、たまるものかどころじゃない。たまってますよ、始終。それでわたしが日本の総理大臣の官舎には新聞記者の溜りがあって、始終それに詰めてるんだと言ったら、それは厄介だね、と大いに同情していましたがね。じゃ、なぜ新聞記者室を造るのかと訊いたところが、必要な時に呼んでステートメントを出したり何かする、それに使うためだというんです。日本だって桂さんの時からだそうですね、一室を占領して始終おるようになったのは。

河上　日本にもありますけど、向うの政治家には新聞記者上りの人が相当いますね。

首相　そうですね、チャーチルだってリポーターをやったことがあるんでしょう。

政治家と表現

河上　政治家が文章のうまいということは、非常に大切なことじゃないですかね。
首相　大切なことですね。
河上　大体、日本の政治家はあまり趣味を持っていませんね。
首相　政権に趣味を持っておるんでしょう。(笑)これは趣味じゃない、執着心ですがね。
——河上さんなぞは政治に狂奔しておるわれわれを見て、どういう気狂いかと思うでしょうね。
河上　ちっとも狂奔しておられないから、そう思いませんね。——今でもお暇な時には漢籍なんかお読みですか。
首相　そうですね。こういう意味合いで読みます。字を頼まれるから、何かいい文句を書いてアッと言わせようというので……。(笑)
河上　議会の答弁に使う字はないか、というようなお気もちは。
首相　そんな気もちはありませんね。たまたま使うと非常な間違いが起るんで……。「不逞の輩」なんて、ずいぶん窘められましたよ。(笑)

河上　今の日本人は字が読めないんじゃない、言葉が読めないのですからね。西園寺さんが首相の時色んな文人をよんでたようですけど、あなたもたまには文人をよんでいただきたいと思います。

首相　それは西園寺さん自身が文人で、漢籍の素養があるし、フランス文学の素養もあるでしょう。あの人の手紙などを見ると、文藻が豊かとでもいいますかね、実に立派なものですね。私の所へ貰った手紙の一つに、段祺瑞が北京に乗出した時に、ちょうどわたしが天津から引揚げて帰るというので、わたしに托して西園寺公に手紙を書いたんです。それに対する返事に、今でも憶えてますがね、病筆参差御推読被下度候とあるんです。簡単にして要を得てる文字で、これなどはよほどの大家でなければ、ちょっと出て来ないと思うんです。

河上　この頃の国字改革なんていうのは、そういうものを殺そうてんですから、あれは何とかしていただきたいですね。

首相　無学無筆の者には都合がいいけれども。（笑）

日本人の質

首相　こないだ或る外国人に、自分は山県公とか奥大将、或いは大山大将を知ってるが、世界的に考えてみても実に立派な、堂々としたあんまり口数もきかず、ゆったりした人だった。ところが、今の日本人はこせこせして、神経質で、まったく別人種の感がある。どうしてだろう、と言われましてね、そう言われてみると、なるほど違いますね。

河上　どうして日本人がそう堕落したんでしょう？

首相　もし今日までの教育がここに至らしめたものとすれば、これは大問題だと思うんです。それでわたしは今度文教審議会というものを拵えて、大家の人達に、日本の文教の将来について考えてもらいたいと思っておるんですがね。昔の日本人と現代の日本人と何が故に違うか、考えてみるべきだと思うんです。新日本をつくる今日……。

河上　そういうことは首相自らおやりになっていただきたいですね。

首相　だけど大家連に及ばないから。

河上　審議会なんて、いい加減の答申をするにきまっています。

首相　これはお座なりでなく答申をやってもらいたいと思うんです。日本の教育の大本をどこに置くか、或いは将来の日本をどこへ持ってゆくか、今において考えなければならぬことだと思います。それからもう一つは、いかにしても科学の標準が低いですね。どうして日本の科学の標準を高めるかということなんですが、この頃の学生は、文部省などの話を聴きますと、学力の程度が非常に低下したそうですね。

河上　ええ、文部省に聴かなくても、われわれの身辺の学生を見ても大変な低下です。

首相　西郷従道さんがイタリアへ見えて、誰かによばれて、その席上で演説をしなければならない時に、通訳の人に「よか頼む」と言ったら、通訳が心得て滔々とやったので、日本の言葉は非常に簡単にして、しかも意味深長だ、といってびっくりしたという話がありますがね。

河上　それは通訳がよほど偉かったんですね。あなたが「よか頼む」と仰しゃれば、うまくやるような人がいるといいですね。

首相　ええ、わたしは「よか頼む」のやり方でしてね。

河上　ところが、偉い通訳がいないから、首相の発言を誤訳しちゃって、白足袋だの何だのばかり眼につくんですね……。(笑)

首相　第一次戦争の直後に私はイギリスにおったんですが、文科大学からして英文学者を雇いたいというので、ケンブリッジでしたか、オックスフォードでしたかに頼んで、ニコルスという人が日本へ来たんです。ところが一年して帰って来た。どうしてかって聞くと、もう厭だ、あんな欠席の多い、勉強にダラシのない学生に講義するのは厭だって、それから は日本の話なんか振向きもしなかったですがね。

河上 それは英語の学力の問題だけじゃないですね。学生の全般的な心構えの問題ですね。

首相 しかし維新の頃に来たプロフェッサーなどは、相当な人がおりますがね。ベルツなんていうのも相当な人ですね。日本におったから世界的にならなかったけれども、もしドイツにおったら世界的な学者になったろうと言われていますし、北海道にいたクラーク、あれなど一年くらいしかおらなかったにも拘らず、相当に大きな足跡を遺しましたね。

河上 モースなんて熱心な人もいましたね。

健一 ニコルスのお話ですが、いま日本にブランデンというイギリスの詩人が来ておりますす。あの人は第一次大戦の後にも日本へ来たんですよ。これは評判がよくて出席率もいいし、結局、人によるのじゃないでしょうかね。

首相 いつか桜井錠二という人が話してましたがね、維新のあとで伊藤、井上なんという人が、ジャーデン・マジソンの世話でイギリスに送られて、ロンドン大学のウィルソンとかいう人に教育されたんですがその人が、伊藤、井上を見て、これは偉いやつだ、日本民族の将来恐るべきものがある、と感心しちゃったんですね。そこへ今度日本で開成学校というのが出来るんで、これへ数学の教師を送ってもらいたい、という註文を受けたので、ああいう優秀な日本の青年を教えるには、相当な者を送らなければならないと考えて、厳重な試験をして選んだというんです。ですから、維新の直後に西洋から来た先生は、よほど立派な人であったらしいんです。そういう人に教えられたから、相当な人が出たんですね。医者では青山博士とか、三浦博士とか……。

河上　ザビエルだって、日本人は手強いぞという最初の直感が、あれだけの力を揮い起させた所以じゃないでしょうか。

首相　ええ。ですから、たまたま伊藤とか井上とかいう人が偉かったかと言えば言えるようなものの、やっぱり当時の青年の平均点数が必ずしも悪くなかったんだろうと思いますね。教育教育って、猫も杓子も教育した結果、どうも粗製濫造に陥ったんじゃないでしょうかね。昔の日本人は違います。例えば牧野伸顕なんかも……。

河上　牧野さんとあなたとは、思えばゼネレーションが大分違うんですね。

首相　年からいうと大したことはないけれども、養われた時代が違います。牧野なんかは西南戦争とか、あの変革期に成人したんでしょう。時代が人によほど影響を及ぼしますね。だから、今のような敗戦の日本が青年の気もちにどう影響を及ぼしますかね。まあ、幕末から維新へかけての空気と、それからして今の状態と、似ておるような、似ておらないような……。

河上　今の青年は何しろ耐乏は厭なんですからね。維新の頃は耐乏は進んでやったのでしょう。

首相　そうでしょうね。維新の頃は、仏教的に考えてみれば、この世で苦しめば来世はいいんだ、というような気もちでしたね。今は、来世はとにかく現世で楽しもうというんですから……。

河上　先が見えないんですね。

記者　ラフカディオ・ハーンとか、ピエル・ロティとか、日本を愛した人たちが、最初のうちは日本を非常に褒めてるんですけれども、帰る頃にはあまり褒めなかった、というのでございますね。今後外国から文化人が来た時に、悪い印象を持って帰ることになったら困るんじゃないかと思いますけれども。

首相　しかしアメリカの兵隊なんかは非常にいい感じを持って帰ってるらしいですね。

河上　それはとにかくいいことですね。

首相　これが何十万来たか知りませんけれども、例えば日本の農家へいったところが、お茶や何かを出して、あらゆる歓待をしてくれた。それが政府のわれわれが歓待するのと違って、村の娘とか親爺が心から歓待してくれる。言葉は判らなくても気もちはよく判る。

それでいい印象を持ってアメリカへ帰るという例はたくさんあるようです。横浜や東京あたりで外国人の接近する日本人は、無論全部じゃないけれども、西洋人の家に使われてる女中などがヘンなことをしたりして、悪い感情を養うんですけれども、田舎にいる兵隊などは、日本人はいい人間だと感服してるようです。東京はいけないけど、仙台はいいなんかいって。

記者　ところで、いま日本に世界的な人材をよぶとすれば、日本の現状に照し合せてどういう人がよろしいでしょうか。

首相　別段具体的にこうという話は考えておりませんがね。例えばアインシュタインというような人が来れば、相当な影響を及ぼすだろうと思いますね。アメリカでもすでに立派な仕事をしているでしょうけれども。

東條・チャーチル・マッカーサー

記者　東條がいわゆる民情視察をやって物議を醸しましたけれども、そういう意味でなしに、何かお暇の時に街へお出になることはありますか。

首相　殆どありませんね。ええ。東條大将というのはどんな人だか、わたしは見たことは見たんですがね、よく知りません。わたし、存外いい人じゃないかしらん、という気がしてるんです、この頃。

河上　いわゆる人がいいということでしょう。

首相　ええ。しかし人がいいだけで、あんまり悧巧じゃなかったんだろうと思いますがね、人はいい人だったろうと思いますね。

河上　チャーチルなんていうのは、人が悪い人ですか。

首相　そうね。海千山千という気がしますね。あの人は日本が嫌いだというから、わたしは会いにもゆかなかったんですがね。しかし、いかにも力がありあまるという気もちを与える人ですね。手を握るのもギュッと握るような人でしてね。

河上　アメリカの政治家はいかがですか。

首相　わたしはあんまり知りません。コーデル・ハルあの人以外には、日本に来た大使は別として、あんまり知りません。

記者　マッカーサー元帥とお会いになっていかがですか。

首相　わたしは、この人は偉い人だと思いますね。第一、親切な人ですね。話をしても妥当だと思うことがたくさんあります。

昔の政党人と今の政党人

記者　昔の政党人と今の政党人はどこに大きな違いがございますか。

首相　わたしは昔の政党人のほうが悪かったんじゃないかと思いますがね。というのは、政党人の主なのはみんな追放されちゃって、今出て来ている人は、みんな新しい人間です。いわゆる新人で、二百七十名の中で百五、六十人はいわゆる一年生、三分の二は新人ですよ。これはいいです。勉強もしますし、私共の所へ言って来ることも妥当です。昔の政党人には怪しからん人もいましたけれども、そういう連中が追放されたり死んだりして、それらの人に比べると、よほど純真だと思います。昔の政党はそれは相当ひどいですよ。第一回の議会に出て来た連中には相当な人がおったんでしょうけれども、だんだん下落して、二百円か三百円で買収されたりする連中もあったんですから、一時は相当ひどかったろうと思います。

記者　中共の進出については、どういうふうに……。

首相　わたしは中共の人は知りませんけれども、われわれの知ってる中国人から考えてみて、中国が赤化しようとしまいと中国人は中国人で、中国人の本性は決して喪わないと思うんですね。とにかく自分の個性は守りたいというのが中国人の本性ですから、赤くなっても、ちっとも変ったことないと思うんです。日本の狂人染みた赤が一番怖いですよ。(笑)

記者 だいぶ時間も経ちましたから、最後に文化人としての立場から健一先生に、何か今後の政治に対する御希望を首相に述べていただいて、結びとしたいと思いますが……。

健一 いやあ、別にないですよ。パパに対する希望は、他に少しだけど書きましたしね。元気でおやり下さい。ね、それでよいでしょう。(笑)

河上 では、このへんで、御多忙中どうも有難う御座いました。

(一九四九年七月)

巻末エッセイ
祖父と父

吉田暁子

『交遊録』で父は、生涯に親しくつきあった方々について、その一人一人に一章を充てて書いている。第一章は父の母方の祖父、牧野伸顕である。父は牧野の家で生れ、そのまま確か六歳まで、そこで育てられた。何故子供達の中でただ一人牧野家に預けられていたのかは、はっきり聞いたことがなく、母から聞いたのかも知れないが私の推測として書くと、父が生れて四ヶ月ほどで祖父は満洲の安東県に赴任したから、父は大切な跡継ぎでもあり、何かと不便の予想される地にそういう幼い子を連れていくのは心配だということになり、そのあとは、牧野のおじいさん、おばあさんの方で父に情が移り、ついつい手元に置いていたのではないだろうか。『交遊録』の最終章が父の父、吉田茂についてである。『交遊録』では親しくした人について親しくなった順に書かれていて、父にとって祖父は最後に親しくなった人間なのだ。

父が祖父と「ようやく親しくなったのがその引退後」で、偶然自分もその頃に、どうしても書きたいことは書いてしまったことに気がつき、「仕事の呪縛」から解放されて自然に、当り前に生きることを取り戻したと父は書いている。父がもの書きとして自分の文章を手に入れるのに苦闘していた十何年かの時期が、外交官である祖父の、戦争に至る道を進んでいた日本の時流に勝てず、左遷から浪人という不幸な時期に重なっていたこと、戦争が終ると、祖父は俄かにその才能を発揮する場を得、世の中変って出版界も活況を呈し、父も存分に仕事ができるようになったが、総理大臣という祖父の特殊な地位がいろいろ余計なものを伴い、父が祖父に近づくことをいわば物理的に妨げたこと、この二つが、父が祖父と親しくなるのを遅らせたと父は書いている。

戦前は、「仕事の呪縛」が二人の間を遠ざけたと父は書いているが、それだけではなく、全く違う、いろいろな点で相反する仕事を父と祖父がそれぞれ持っていたということも、二人が近づきにくい原因の一つだったと思う。私は祖父とはごく浅いつきあいしかなかったのだが、祖父と父とは非常に違った人間だったような気がする。そもそも、片や外交官、片や文士、ということは、二人が異質の人間であることを示している。しかも、祖父は、非常に難しい時代に、何とか思う方向に国を向けようと、身の危険も冒して奮闘した外交官であり、父は、「ことば」というものを見つめ続けた文士である。

ひょっとすると父は、子供の頃から祖父に反感を？　などとふと想像してしまったこともあるが、父はそんなことは書いていない。任地の祖父から手紙が来て、おかあさんを宜しく頼むとあったのが嬉しかったと、どこかで話している。父は自分が長男であることを自覚していたようだ。牧野の家に預けられていただけになおさら、「長男だから」、「長男だから」と言われ続けたのではないだろうか。幼い父は牧野のおばあさんに連れられて、大磯の吉田のおばあさんのところへ時々挨拶に行っていたそうだ。これは父から聞いたが、父はふだんは無口で、祖父や祖母、そして牧野伸顕のことも、ほとんど話してくれたことはない。嫁として吉田の家に入った母の口からはいろいろ聞いた。そういう、父の話以外の見聞から想像すると、祖父は子供達を可愛がっていたようで、父が可愛がってもらってもそっぽを向きっぱなしという子供だったとは私には思えない。そして、祖父の在職中でもたまには兄と一緒に、両親に連れられて祖父を訪ねていたように記憶している私には、父が祖父を大切にしていることが、父が祖父と「ようやく親しくなった」頃には染みこんでいた。

私が大学四年の秋に祖父は亡くなったが、私が大学に通い始めた頃父が建てていた家が完成した。この頃から私達は三人で度々大磯の祖父を訪ね、また、家に祖父を招いた。ある時祖父のところに行くと、祖父が父に、今実はジャーディン・マセソンの人が来ているので自分は着替えをするから、「健一、行ってその間お相手をしてて」と言った。父が一人で大磯を訪ねた時など、こういうことは前にもあったのだろうか。私はこういうのが家族なのだと思った。祖父を我が家に招待したのは新しい家ができた時が初めてで、両親が結婚してから二十三年が経っていた。祖父は、私のために巨大なコアラの縫いぐるみをお供に持たせてやって来た。昼の食事が始ると祖父は、「ママがいたらよかったね」と言った。祖母は日米開戦の二ヶ月前、父と母が結婚して半年足らずの時に亡くなってしまったのだ。「ママと結婚してすぐロンドンに行った時は小さな家で暮したよ」とも祖父は言った。私は祖父を、急に身近なものに感じた。その後祖父は新築祝いに、使わずにあったと言って、何故か家の雰囲気にぴったりの、絨緞を届けてくれた。母は、「パパは家へ来ると足が冷いので絨緞を下さったんだわ」と言った。祖父が死んで間もなく父が書いた文章に、祖父が大磯ですわっているような革の肘掛けを、祖父の来た時のために誂えようと思っていたが、「この計画も空しくなった」とある。祖父を招待する時の父の、嬉しそうな、ちょっとはしゃいだような顔が思い出され、「計画も空しくなった」と読むと胸を衝かれる。

（よしだ・あきこ　翻訳家）

初出一覧

父の読書（「毎日新聞」一九四九年十二月十八日）／父のスケッチ（「明窓」一九五一年一月号）／馬とワンマン親爺（「オール讀物」一九五四年四月号）／父に就て（「週刊東京」一九五六年六月二十三日号）／父のこと（「読売新聞」一九六七年十月二十日夕刊）／父を語る（初出未詳・一九六七年十月）／父を廻って（初出未詳・一九六七年九月）／又（「週刊読売」一九六七年十一月十五日号・臨時増刊「緊急特集　国葬　吉田茂」）／母に就て（「暮しの手帖」第二六号・一九五四年十二月）／母のこと（「東京新聞」一九七一年一月二十八日付夕刊）／吉田内閣論㈠（「中央公論」一九五四年十一月号・原題「吉田内閣を弁護する」）／吉田内閣論㈡（「緊急増刊・別冊文藝春秋」一九五五年一月号・原題「父よ、あなたは強かった！」）／吉田茂（「ユリイカ」一九七三年六月号・「交遊録」第十二回）／大磯清談（「週刊東京」一九五六年五月五日号〜九月一日号）／親子対談（「改造文芸」創刊号・一九四九年七月）

編集付記

一、本書は、著者の父と母に関するエッセイを第Ⅰ部「父のこと母のこと」、「大磯清談」と「親子対談」を第Ⅱ部「大磯清談」とし、巻末に吉田暁子「祖父と父」(「文藝春秋」二〇〇七年二月号)を併せて収録したものである。中公文庫オリジナル。

一、集英社版『吉田健一著作集』と『大磯清談』(文藝春秋新社、一九五六年十二月刊)を底本とした。上記に未収録の「馬とワンマン親爺」「父に就て」は『新編三文紳士』(筑摩書房、一九七四年刊)、「吉田内閣論」は『落日抄』(読売新聞社、一九六七年刊)、「親子対談」は『吉田健一対談集成』(小沢書店、一九九八年刊)をそれぞれ底本とした。

一、旧字旧仮名遣いを新字新仮名遣いに改めた。底本中、明らかな誤植と思われる箇所は訂正し、難読と思われる文字にはルビを付した。人名、地名など固有名詞は表記を統一した。

一、本文中に今日からみれば不適切と思われる表現もあるが、作品の時代背景および著者が故人であることを考慮し、底本のままとした。

中公文庫

父《ちち》のこと

2017年9月25日　初版発行

著　者　吉《よし》田《だ》健《けん》一《いち》

発行者　大橋善光

発行所　中央公論新社

〒100-8152　東京都千代田区大手町1-7-1
電話　販売 03-5299-1730　編集 03-5299-1890
URL http://www.chuko.co.jp/

ＤＴＰ　柳田麻里
印　刷　三晃印刷
製　本　小泉製本

Published by CHUOKORON-SHINSHA, INC.
Printed in Japan　ISBN978-4-12-206453-9 C1123

中公文庫既刊より

各書目の下段の数字はISBNコードです。978－4－12が省略してあります。

た-5-1
高橋是清自伝（上）
高橋是清
上塚　司編
日本財政の守護神と讃えられた是清が、数奇を極めた足跡を語る。生い立ち、ペルー銀山失敗、落魄と波瀾の前半生がのちの是清の経済哲学を形成する。
200347-7

た-5-2
高橋是清自伝（下）
高橋是清
上塚　司編
明治二十五年日銀に奉職し頭角を顕わした是清は、日露戦争に特派財務委員として渡欧し、外債成立を成し遂げ財政家として歩み始める。〈解説〉小島直記
200361-3

い-10-2
外交官の一生
石射猪太郎
日中戦争勃発時、東亜局長として軍部の専横に抗し、戦争終結への道を求め続けた著者が自らの日記をもとに綴った第一級の外交記録。〈解説〉加藤陽子
206160-6

し-5-2
外交五十年
幣原喜重郎
戦前、「幣原外交」とよばれる国際協調政策を推進した外交官であり、戦後、新憲法に軍備放棄を盛り込むことを進言した総理が綴る外交秘史。〈解説〉筒井清忠
206109-5

お-19-2
岡田啓介回顧録
岡田啓介
岡田貞寛編
日清・日露戦争に従軍し、条約派として軍縮を推進、二・二六事件で襲撃され、戦争末期に和平工作に従事した海軍高官が語る大日本帝国の興亡。〈解説〉戸高一成
206074-6

さ-4-2
回顧七十年
斎藤隆夫
陸軍を中心とする革新派が台頭する昭和十年代、「粛軍演説」「現状維持」を訴え、除名されても信念を曲げなかった議会政治家の自伝。〈解説〉伊藤　隆
206013-5

こ-7-2
一老政治家の回想
古島一雄
犬養毅の知己を得て、四十年にわたり傲骨の政客として活躍した著者が回想する明治・大正・昭和にわたる政党政治の盛衰と裏面史。〈解説〉筒井清忠
206189-7

よ-24-7
日本を決定した百年 附・思出す侭
吉田茂
偉大なるわがままと楽天性に満ちた元首相の個性が描き出した近代史。世界各国に反響をまき起した名篇が文庫にて甦る。単行本初収録の回想記を付す。
203554-6

よ-24-11
大磯随想・世界と日本
吉田茂
政界を引退したワンマン宰相が、日本政治の「貧困」を憂いつつ未来への希望をこめ、その政治思想を余すことなく語りつくしたエッセイ。〈解説〉井上寿一
206119-4

よ-24-8
回想十年（上）
吉田茂
政界を引退してまもなく池田勇人や佐藤栄作らを相手に語った回想。戦後政治の内幕を述べつつ日本が進むべき「保守本流」を訴える。〈解説〉井上寿一
206046-3

よ-24-9
回想十年（中）
吉田茂
吉田茂が語った「戦後日本の形成」。中巻では、自衛隊創立、農地改革、食糧事情そしてサンフランシスコ講和条約締結の顛末等を振り返る。〈解説〉井上寿一
206057-9

よ-24-10
回想十年（下）
吉田茂
戦後日本はどのように復興していったのか。下巻では、ドッジライン、朝鮮戦争特需、三度の行政整理など、主に内政面から振り返る。〈解説〉井上寿一
206070-8

タ-5-3
吉田茂とその時代（上）
ジョン・ダワー
大窪愿《げん》二《じ》訳
戦後日本の政治・経済・外交すべての基本路線を確立した吉田茂――その生涯に亘る思想と政治活動を日米関係研究に専念する著者が国際的な視野で分析する。
206021-0

タ-5-4
吉田茂とその時代（下）
ジョン・ダワー
大窪愿二訳
長期政権の過程を解明。諸改革に見る帝国日本と新生日本の連続性、講和・再軍備を巡る日米の攻防、内部抗争で政権から追われるまで。〈解説〉袖井林二郎
206022-7

そ-2-4
マッカーサーの二千日
袖井林二郎
日本の〈戦後〉を作った男の謎に満ちた個性と、五年八ヶ月に及ぶ支配の構造を、豊富な資料を駆使して描いた力作評伝。毎日出版文化賞受賞。〈解説〉福永文夫
206143-9